销冠话术

陈育婷 / 著　李孟洁 / 绘

中华工商联合出版社

图书在版编目（CIP）数据

销冠话术 / 陈育婷著；李孟洁绘. -- 北京：中华工商联合出版社，2025.4. -- ISBN 978-7-5158-4214-1

Ⅰ．F713.3

中国国家版本馆CIP数据核字第2025HX0064号

销冠话术

著　　者：	陈育婷
绘　　者：	李孟洁
出品人：	刘　刚
责任编辑：	吴建新　林　立
封面设计：	冬　凡
责任审读：	付德华
责任印制：	陈德松
出版发行：	中华工商联合出版社有限责任公司
印　　刷：	三河市华成印务有限公司
版　　次：	2025年4月第1版
印　　次：	2025年4月第1次印刷
开　　本：	880mm×1230mm　1/32
字　　数：	118千字
印　　张：	6
书　　号：	ISBN 978-7-5158-4214-1
定　　价：	36.00元

服务热线：010－58301130－0（前台）

销售热线：010－58302977（网店部）
　　　　　010－58302166（门店部）
　　　　　010－58302837（馆配、新媒体部）
　　　　　010－58302813（团购部）

地址邮编：北京市西城区西环广场A座
　　　　　19－20层，100044

投稿热线：010－58302907（总编室）

投稿邮箱：1621239583@qq.com

工商联版图书
版权所有　侵权必究

凡本社图书出现印装质量问题，请与印务部联系。

联系电话：010－58302915

前言

美国现代成人教育之父戴尔·卡耐基说："一个人成功与否，85%来自与他人相处。"

销售工作是销售人员针对顾客的一对一交流、一对一服务，如何让顾客在面对众多选择时选择你的产品，这不能单单说是技巧，而应该是一门学问了。如今已进入网络信息时代，销售人员也面临着前所未有的挑战。在销售过程中，销售人员要使出浑身解数引导顾客购买产品，同时还要针对不同的顾客灵活调整销售策略，达到成交的目的。

要想成为一流的销售人员，就要培养自己的销售口才和业务水平，也就是要做好"如何说"和"如何做"这两件事。你必须将自己修炼成"神枪手"，每句话都打动顾客的心；你必须练就一双"火眼金睛"，一眼就能看出顾客的心理需求，这种需求就是顾客能否购买产品的关键因素。因此，你要在摸透顾客心理的前提下，说客户爱听的，让他从心里感到舒服；同时，你也要听顾客想说的，让顾客畅所欲言，情不自禁地说，充分满足顾客评价产品的想法，同时提供专业的产品解答，牢牢抓住顾客的心理，生意自然也就做成了。

　　本书总结了销售员快速成长的话术，提供了富有洞见的销售指导，无论你所从事的是何种销售工作，在本书中一定能找到你所应知的提升销售业绩的方法。书中介绍了大量销售实例，配以引人入胜的插图，告诉你如何选择正确的销售策略促成双赢局面；如何善用"谈判气氛"，让顾客买单……销售员学会了本书中的销售技巧，不管是销售产品还是发展合作，都能游刃有余。

目录

第一章 在形象上赢得认可,顾客更青睐"专业范"

用"5W1H"开启彼此的话题 / 2

你对顾客的态度,决定顾客对产品的态度 / 4

给顾客最好的第一印象,提升顾客信任度 / 7

表现出最强的自己,让气场为自己加分 / 9

善用幽默,让顾客笑了,买卖就成了 / 12

建立良好的客户关系,先做朋友后做生意 / 14

第二章 | 销售不是打嘴仗，选择正确的策略促双赢

找出客户的潜在需求，谈出从无到有的好生意 / 18
把握插话的分寸，切勿打断顾客的思路 / 20
做个优秀的聆听者，让顾客说出不同意见 / 23
必要的时候，学会恰到好处的拒绝 / 26
销售要懂点博弈心理学——商场竞争必备技能 / 28
掌握议价诀窍，让产品卖出好价格 / 31
提高自己的工作能力，取信于上级及合作伙伴 / 34
处理好人际关系，这是销售的基本功 / 36

第三章 | 给顾客一个购买的理由：把好处说透，把益处说够

做好资料收集，知己知彼百战不殆 / 44
不轻易放弃，为顾客找一个成交理由 / 46
划着的火柴才能点燃蜡烛，客户只买"热情"的单 / 49
提供个性化服务，获得顾客认同 / 52
用服务增加品牌价值，让顾客感觉物超所值 / 54

想获得信任，说话就要靠谱 / 56

用顾客的语言说话，让沟通更顺畅 / 60

建立信任关系，培养顾客忠诚度 / 62

第四章 销售要从顾客角度出发，才能赢得顾客的心

面对实际型对手，要思考其真正的需求 / 68

面对亲切型对手，要懂得运用同理心 / 70

小心对待分析型顾客，用热情感染表现型顾客 / 73

各取所需，让对手接受双赢的结果 / 76

掌握问话技巧，引导客户向你预期的方向转化 / 78

善于察言观色，好的销售员都是心理学家 / 81

先做好人，然后才能做好事 / 83

第五章 巧用各类销售工具，拉近产品与顾客的距离

你不可不知的电话、电子邮件谈判秘诀 / 88
使用录音笔训练好自己的口才 / 90
善用统计报表，让自己的数据更具说服力 / 92
框架效应：关键不在于说什么，而在于怎么说 / 94

第六章 开口就要当赢家，像行业专家一样对顾客说话

跟顾客谈判之前，一定要做好事前准备 / 100
议价有学问 / 102
拐个弯儿说话，避免正面拒绝 / 105
掌握"最后一句话"的主导权 / 107
运用"差价均分"策略，让顾客觉得有实惠 / 109
该说"不"，就别客气 / 111
制造神秘感，沉默也是一种技巧 / 114
找出关键人物，做最后拍板 / 117
投石问路，逐渐消除对手的戒备心理 / 119
消除怀疑，促成交易 / 122

第七章 善用"谈判压力",让顾客顺利成交

用服务感动顾客,让享受成为消费重点 / 126

采取高价策略,预留底价空间 / 128

该端着就端着,随时准备掉头就走 / 131

巧用声东击西战术,获取自己想要的利益 / 133

深藏不露,让对方先做出承诺 / 136

展现自己的风度,向对手道贺 / 138

自问自答,用你的嘴说出他的反对意见 / 140

欲擒故纵,适时告退 / 144

多用"所以",使他与你站到一起 / 146

第八章 不会聊天,别说你懂销售——销售必须规避的说话和行为禁忌

不懂借助第三方威名 / 150

操之过急 / 152

不懂装懂,多嘴多舌 / 155

谈判要对事不对人 / 157

分清楚意见与事实 / 159

以退为进是陷阱 / 162

第九章 最后关头也可以"反败转胜"——销售一定要懂的成交技巧

为对方贴上标签，给他积极的心理暗示 / 166

因势利导，抢救临时变卦的残局 / 168

不说NO，而要说YES, IF…… / 171

小心弄巧成拙，适时妥协可以拉高底线 / 173

创造共同语言，拉近彼此的关系 / 175

巧用心理战术，让对方感觉无路可退 / 178

第一章

在形象上赢得认可，顾客更青睐『专业范』

用"5W1H"开启彼此的话题

艾森豪威尔将军曾说:"我宁愿说服某个人与我同行,因为我一旦说服他,他就会紧紧相随。而如果我恐吓他,那么只要他怕我一天,就会留在我身边一天,但最后还是会一走了之。"

他所提到的"说服",就是一种沟通能力的展现。好的业务员必须具备好的沟通技巧,业务是谈出来的,那如何开启话题,增加业务洽谈成功的机会呢?可由以下几点说明:

通过最基本的"5W1H"开启彼此的话题

◆ Who:谁是你沟通的对象?要用什么表情面对他?

◆ What:你们要说的是什么?也就是你们的话题,或者洽谈的目标与内容。

◆ Why:为什么要说这些话?或者为什么是这位聆听者?

◆ When:考虑开口的时机了吗?有没有先发制人的必要与优势呢?

◆ Where:哪里是最适合的沟通场所?

◆ How:如何把话题从开场白带入核心议题?

微笑力量大

在谈话取得一定效果、谈判将达成某种协议,甚至当情势陷入僵局时,双方能会心微微一笑。如此,可消除芥蒂,增加彼此友谊，争取谈判的空间。

最后我们还需要注意以下几点：

第一，"愿意"沟通并不代表"能够"沟通，让人了解心中想法的沟通才是有用的沟通。

第二，我们怎么说和说什么同样重要！

第三，不懂得沟通的方法，就达不到沟通的效果和目的。

第四，许多问题与冲突的关键点都是沟通不畅。

第五，当你有说话的冲动时，让对方谈谈他的想法。

第六，和陌生人交谈时，从他的职业、兴趣、特长开始问起。

第七，多看时事新闻，了解时下众人关心的话题。

练习"5W1H"

成功开启彼此间的话题，试着在谈话内容中切入以下几点（5W1H）：

Who ———— 谁是你沟通的对象？要用什么表情面对他？

What ———— 你们要说的是什么？也就是你们的话题，或者洽谈的目标与内容。

Why ———— 为什么要说这些话？或者为什么是这位聆听者？

When	考虑开口的时机了吗?有没有先发制人的必要与优势呢?
Where	哪里是最适合的沟通场所?
How	如何把话题从开场白带入核心议题?

你对顾客的态度,决定顾客对产品的态度

一位好的业务员,对自己外在仪表的要求非常严格,不仅是随时保持"面带微笑"的状态,还要注意全身着装仪表,例如:服装上的每一个扣子都要扣好。因为具备好的仪容仪表和精神风貌,代表尊重自己也尊重对方。业务员常常需要主动拜访,甚至需要像扫街、扫楼之类的初次拜访,这类主动拜访活动,容易对顾客造成干扰,由此会让顾客对业务员产生厌烦的感觉,所以仪容仪表若没有准备好,自己很容易遭遇挫折。

业务谈判是一门艺术,更是一门科学,具备基本的沟通技巧之后,必须要注意沟通谈判时的态度。

沟通谈判应具备的态度

沟通时要注意，态度要比对方温和，说话时也应该从容不迫，但是语气必须坚定。所讲内容要有条理，理性叙述不带任何私人情绪。

随时注意沟通节奏，仔细聆听对方的意见，从中找出对方的要求及需求。遇到对方刻意模糊谈论的内容后，立即请对方说明清楚，了解对方的真正意思。

绝不口出秽言，也不使用情绪化的言辞，不要随意打断别人讲话，可以允许对方随时提问，但接着说下去的时候，要指出对方刚才打断了说话。

语气要坚定、坚定、再坚定，立场要重复、重复、再重复，使对方清楚了解你所表达的事情。

全面了解与细致观察

与客户沟通的时候，除了洽谈的内容外，也应该多方面了解对方的个性、文化修养。洽谈的主要目的是传递信息还是汇集信息，这主要取决于你在什么地方进行沟通，以及双方合作的目标是什么。

多方了解你的对手，才可以使你成功地立于不败之地。

好的业务员要学会适时赞美客户

成功开启彼此间的话题，试着在谈话中适时适度赞美。

赞美一定要真诚 ⇒	阿谀奉承和真心赞美是很容易区分的，如果说出来的话让人感觉言不由衷，那么可能会适得其反。
赞扬的内容要具体 ⇒	赞美不能"大而全"，而要落实到具体的事情上，否则别人会觉得这样的赞美很"虚伪"。
赞扬的时间要及时 ⇒	遇到可以赞扬的事，一定要及时说出来，否则事过境迁，再好听的话，也难以发挥作用。
赞扬的时机要把握好 ⇒	赞美的话要"择机而出"，要讲究"天时地利"，不合时宜的夸赞只会起到相反的作用。
赞扬的语言要得体 ⇒	赞美切忌弄巧成拙，心里的话在说出口之前应该斟酌一番，否则就会让局面变得很尴尬。

给顾客最好的第一印象，提升顾客信任度

心理学教授罗伯特·巴隆曾说："人与人之间的对立和冲突，往往都来自说话的态度，而非说话的内容。"

例如同样是一句"我们一定会尽最大努力来让各位满意"，由一个面带笑容、语气柔和的女性服务人员说出口，还是由一个打扮随便、态度轻浮不稳重的中年男人说出来，绝对会带给听者不同的感受。

千万别启动对方的防卫机制

人的潜意识中，多少都保留了几万年前老祖宗在面对危险或猎物时启动的最原始的求生本能：在最短的时间内，判断眼前的处境或对手是否有危险，而做出对抗或逃跑的选择。如果防卫机制启动，我们会全身处于备战状态，心跳加速、血压升高、瞳孔放大，随时准备让肌肉发出强大力量。

在谈判桌或销售场合上也是如此，一场谈判或生意是否能成功，往往在双方坐下来的几秒钟内就决定了。因为当你坐下来时表现出的那种态度和姿态，就已经告诉对方，你是否将对方当成一个值得尊敬的朋友。如果你的态度友善真诚，对方内心的防卫机制就不会启动。这个第一印象会深植在内心很久，因此，资深级谈判或销售高手，最谨慎也最在意的，就是和对手或客户见面时的第一印象。

当你批评的话语一出口，就等于启动了对方的防卫机制，所以切忌随意批评对手。

不要让对方启动防卫机制

怎样做比较正确？

不要声色俱厉	原因	看你那副横眉冷对的样子，我怎么可能给你一个笑脸呢？	怎么做才对呢	和颜悦色，真诚交流，让交谈的气氛更融洽，那又有什么问题不能解决呢？
不可当众发飙	原因	当着那么多人让我出丑，我哪还有心思来考虑你的建议啊！	怎么做才对呢	不顾别人的面子，只会适得其反。以尊重对方为前提的交谈，才能取得成效。
不可全盘否定	原因	都把我说得一无是处了，我还有什么理由对你和气啊？	怎么做才对呢	先扬后抑，实为上策。肯定对方的优点，再提出建议，绝对事半功倍。
不要借题发挥	原因	从一件事扯到另一件事，到最后开始翻旧账，我就真的让你那么厌恶吗？	怎么做才对呢	批评应对事不对人，千万不能让批评变为人身攻击，也不要节外生枝，否则只会越描越黑。

以对手为师，对方就会把缺点告诉你

德国有句俗语："没有人比对手更像朋友。"在谈判、销售或任何公关场合，与人第一次见面时，不管对方的年龄和职位高低，你如果能以充满真诚的态度，以对方为师，对方就会判断你是没有危险的朋友。接着，在交谈过程中就自然会在不经意间把自己内在的想法、期望和迷惑都告诉你。

因此，以对手为师，在许多销售沟通中都可以顺利化解危机，甚至和对方的关系也从对手变成了朋友；而不相信这法则的人，最后总是把事情由简单变复杂，甚至小题大做或无中生有。

表现出最强的自己，让气场为自己加分

在谈判过程中，气势往往可以帮助我们扭转劣势，也能帮我们占得先机。当你站在客户面前，在对方眼中的气势，就代表你对这次营销有多大胜算。而增加谈判气势的秘诀，就在以下这五种威力中：

一、"正当性"的威力：只要我们有足以影响他人的头衔，就会产生正当性的威力。如：名片上印着"营销主管"的人与名片上印着"业务员"的人相比，就具有相对的气势，让对方觉得你能对销售决策发挥重要作用。

二、"坚持好品质好服务"的威力：为顾客提供高品质产品或服务，这是我们必须始终坚持的信念和价值观，这样就可以建立起客户对你的信任感，你的影响力也会因此增强。

三、"决策者"的威力：即团队领导者应具备令人钦佩的人格特质，例如：诚挚、坚定、果断、有大智慧等。如果你具备这样的领导风范和个人魅力，将有助于提升谈判的气势。

四、"专家"的威力：在对方面前呈现出那种你比他专精的情景时，就建立起比他更高的沟通气势了。例如：律师和医师都因为专业知识，而让人们信服；但反过来看，也不要让你的客户用专业来看低你。

五、"情境"的威力：要让客户看到你们繁忙的情境，看到你们有条不紊、正规严谨的流程，从而对你们产生敬佩和信服。

在销售或谈判过程中，要表现出最强的自己，懂得如何营造出自己的气场。

销售谈判的实用步骤

正面的开场白：

赞美对方的工作情况或成就。

上次的项目进展非常顺利，感谢你的帮忙。

表达想法：

陈述完事实后，表达你对这个状况的想法。

我认为，这个项目在执行过程中会面临的问题是……

明确拜托：

这时候再提出你希望对方做什么。

价格如果再低一些，您能多买一万台吗……

说明好处：

对方不可能毫无缘由地答应你，所以一定要告诉对方，如果达成了合作，对方有什么好处，或是如果没有成交，会有哪些潜在损失。说明好处也是站在对方的立场做考量的一种表现。

善用幽默，让顾客笑了，买卖就成了

善用幽默，展现出色的吸引力

南非前总统有一次发言，讲到一半时发现演讲稿页数乱了，这本来是件很尴尬的事情，但他不以为意，一边整理一边说道："我把讲稿的次序弄乱了，你们要原谅一个老人。不过，我知道在座的有一位总统，有一次演讲时也曾把讲稿的次序弄乱了，但他却不知道，照样往下念。"整个会场哄堂大笑。

从这则小故事中我们能获得什么信息呢？对！幽默的心态。所谓幽默的心态，就是坦然接受别人的调侃或额外的麻烦，然后用智慧的语言和举止，反而调侃他人或解决麻烦的态度。

幽默是一种智慧

幽默就是智慧，是从容的态度，是敏锐的反应能力，更是对语言的极致应用。

这种幽默感如果放在职场上，能帮人化解诸多尴尬和麻烦，能建立良好的人际关系，更能为自己的沟通添加优势。正因为如此，人们常把幽默看作是一种万能行为，幽默可以给有能力的人锦上添花，给能力差的人增加好运；幽默能化解尴尬，摆脱麻烦，还击他人的讽刺挖苦；幽默能将欢笑发挥到极致，将阴霾转变成明媚。

善用幽默

有一天，汤姆的老板开会时气急败坏地大叫。

这次促销如果泡汤，我要把你们一个个扔进海里喂鲨鱼！

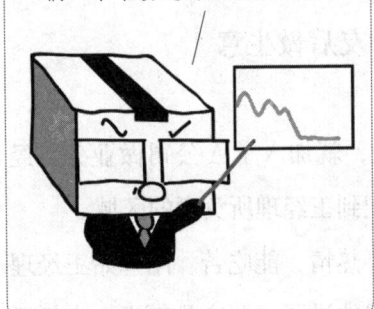

这时，汤姆从容地站起来，转身要走，老板更气了。

你要去哪里？

本来是要去洗手间的汤姆即兴改口说：

学游泳！

众人大笑，紧张的气氛马上缓和下来，老板也笑了。

你这浑小子，你以为我真的忍心把你们扔进海里吗？

汤姆的即兴幽默一下子就让严肃的会议变得轻松愉快起来！

我们应该学着做一个幽默的人，用幽默轻松化解一切尴尬和麻烦，让幽默成为自己的武器，让彼此的关系更轻松，谈起事情来也更愉快。

建立良好的客户关系，先做朋友后做生意

小李22岁，刚从某大学毕业，就加入了A公司做业务。经过A公司半个月的培训后，被分配到王经理所负责的区域。

小李给人的第一印象是自信、热情、能吃苦。刚开始王经理让小李跟着他一起跑市场，顺便跟他讲了一些产品知识、市场运作的程序与方法、沟通技巧等基本的销售常识。

后来，王经理将他安排在一个刚开发不久的新客户——曾老板身边，主要的工作是专门帮助曾老板开拓市场。小李刚到曾老板那里时，他感到曾老板根本没有把他当作厂商的业务代表，例如：从不与他商量和沟通生意上的事情，更不用说带他一起跑市场了。他觉得在曾老板的眼里，他只是个什么都不懂的毛头小子。但小李很坚强，潜意识里产生了一种不服输的念头：一定要用销售业绩说话，改变曾老板对自己的看法。

以实际行动，感动你的客户

于是小李开始每天早出晚归，骑着曾老板的摩托车，走访一

实战业务九招

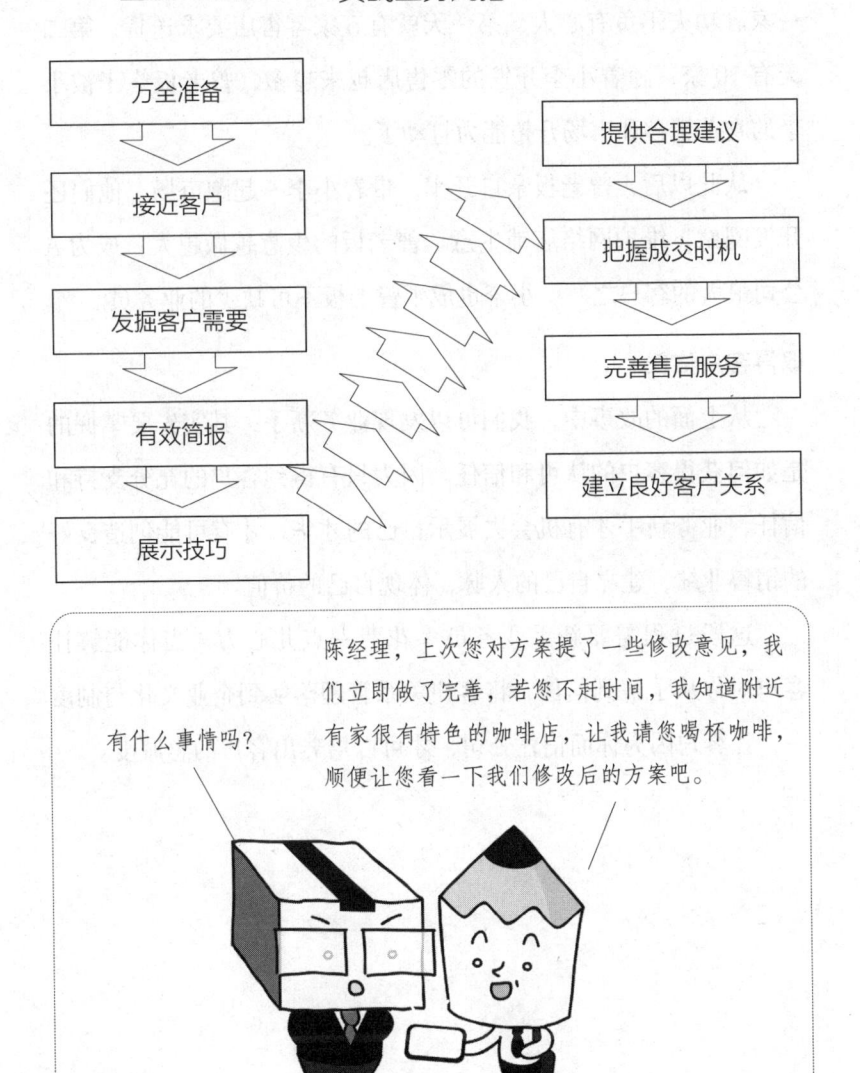

- 万全准备
- 接近客户
- 发掘客户需要
- 有效简报
- 展示技巧
- 提供合理建议
- 把握成交时机
- 完善售后服务
- 建立良好客户关系

> 有什么事情吗？

> 陈经理，上次您对方案提了一些修改意见，我们立即做了完善，若您不赶时间，我知道附近有家很有特色的咖啡店，让我请您喝杯咖啡，顺便让您看一下我们修改后的方案吧。

第一章 | 在形象上赢得认可，顾客更青睐"专业范"

家又一家的零售店，向店家介绍公司的产品，一家不成功再到另一家。功夫不负有心人，第一天就有5家零售店要求送货，第二天有10家，随着小李开发的零售店越来越多，曾老板终于被小李的吃苦精神和市场开拓能力打动了。

从此以后，曾老板亲自开车，带着小李一起跑市场。他们还开发网站，维护网络店铺生意。曾老板的生意越做越大，成为A公司最大的客户之一，小李也成了曾老板不可缺少的业务员。

取得客户信任

从上面的故事中，我们可以发现业务新手，其实先要掌握的是如何获得客户的认可和信任。因为只有得到客户的充分支持和信任，业务新手才有机会去展示自己的才华，才有可能创造良好的销售业绩，建立自己的人脉，体现自己的价值。

这段过程需要新手业务员多花费一点儿心力，当你能够让客户对你从了解到信任，将客户关系管理落实到企业文化与制度中，让客户因为你而信任公司，才可以培养出客户的忠诚度。

第二章

销售不是打嘴仗,
选择正确的策略促双赢

找出客户的潜在需求，谈出从无到有的好生意

协助 100 多家日本公司在纽约打天下，创立"大桥 & 冯法律事务所"的大桥弘昌，在美国留学时，经伯父的介绍，到其朋友理查·马克斯家寄宿。

理查是犹太裔美国人，开了一家卖咖啡机的公司，经营得很顺利。有一次两人一起去吃饭，餐后喝完咖啡，理查请服务生叫经理过来。

随时随地营销

经理带着疑惑的表情走到桌边时，理查看着咖啡杯，纳闷地问："你们用的是哪家厂商的咖啡机？"在说了一些不着边际的话之后，理查递出名片跟他说："我们公司销售的是意大利制造的咖啡机，如果你希望店里煮出更美味的咖啡，请和我联络，你们的餐点真的很好吃。"

查理在这种非上班时间外出吃饭时也能推销自己公司的产品，令大桥非常惊讶：说话时轻描淡写，而且不给对方留下厚脸皮推销的印象，但是想说的话都清清楚楚地传达出去了。

理查这时的一言一行使大桥学到了不同于一般的营销"思维方式"。他认为在全球化时代，不擅长营销的企业，即使能够提供优良的商品与服务，结局往往还是输家。还是要靠营销能力，才能决定产品可以卖出 100 万日元还是 1000 万日元。

想让对方转变想法，需要这些沟通技巧

说话不能带有个人情绪

我们往往容易被感情控制，此时一些考虑不周的话很可能脱口而出。控制情绪最好的办法，就是晚一点再开口，把那些带有情绪的字眼去掉，这样矛盾就不容易被激化。

以互相尊重为前提

千万不要自以为是，必须尊重对方。假如对方觉察出你的言语中带有轻蔑的成分，那么会很自然地把你拒于门外。你的建议再好，对方都不会采纳。

所有办法的关键，就是把表达自我的主动权交给对方，让对方成为谈话的主角。

沟通以理性为前提

我们都知道，在双方都不理智的情况下去谈判，是没有意义的。谈判的前提是理性，无论哪一方都不例外。

主动说"我不知道"

如何引导对方是整个交流的关键，不能因为自己知道某事而不愿说"不知道"。你的请教式提问，正是让对方口若悬河的前提。假如你什么都说完了，别人又从哪开口呢？

提问简洁

不要提太深刻、太尖锐的问题，一定要给对方一个展现自我、顺畅表达的机会。如果你的提问是在为难对方，那么只会带来负面的效果。我们需要使用的语言其实很简单，你只要准备当个聆听者就可以了。

你必须以新观点破冰，找出客户的需求。你也必须设法让客户乐于接受你提出的解决方案，让销售对象及客户愿意从繁忙的行程中抽出时间来聆听你的提案。

企业之间经常靠谈判来交换资源，或是结盟合作来开创更大的机会。大订单谈判能力是一个企业能否在竞争环境中取得优势的关键！而销售人员在激烈的竞争中，以占据优势的商业谈判能力来增进销售议价空间，是企业提升竞争力的途径之一。

把握插话的分寸，切勿打断顾客的思路

插话要注意时机

许多人由于太相信自己的理解和判断能力，往往不等别人把话说完就中途插嘴，因此，常会发生误会。举例来说，有些人在别人说话时，仿佛都将话听进去了，等到别人说完，却又问道："很抱歉，你刚才说什么了？"这样对说话的一方来说，是件很失礼的事。人们常会轻率地问："刚才这句话的意思，能再解释一下吗？"这些追问都不算得体，你可以这样表示："根据我听到的，你的意思是否是这样呢……"

即使你真的没听懂，或听漏了一两句，也千万别在对方说话途中突然提出问题，必须等他把话说完，再提出："很抱歉！刚才

中间有一两句没听清,你说的是……吗?"如果你是在对方谈话中间打断,问:"等等,你刚才这句话能不能再重复一遍?"这样,会使对方有一种接到命令或指示的感觉,也就会影响对方的心情。

大家常说:"听人讲话,务必有始有终。"因为你一插话,很可能打断了对方的思路,他就忘了要讲些什么。中途打断对方的话题是没有礼貌的行为,往往会因此产生不必要的误会。

自然地加入他人的谈话

在聚会上,我们时常可以看到客户或同行正和另外一个不认识的人聊得起劲,此时,每个人或多或少都有想加入对谈的念头。但是贸然加入可能会令他们觉得不自然,甚至使他们的话题接不下去,让气氛转为尴尬。

若碰到这种情况,你最好等他们说完再过去找你认识的人,即使真有事必须及时告诉他,也可以给他一些小动作的暗示,他就会找机会和你讲话。同时也要注意,不要静悄悄地站在他们身旁,好像在偷听一样,尽量找个适当的机会,礼貌地说:"打扰了,我们可以一起聊聊吗?"或者大方地、客气地打招呼,请你的朋友介绍一下,就能很自然地打破这个状态。

善于沟通,表达零障碍

误会,往往是因为说出来的话引起了别人的误解才造成的。所以,我们需要格外注意沟通的技巧,尽可能地避免误会的发生。

与人沟通时要注意

说话不要太快
如果说话太快导致字音不清，就会使人听了等于没听。

声音清楚
要训练自己，讲话的声音要清楚，快慢要适度。说一句，就要让人家听懂一句，不会再问。

表达清楚
说话要让人明白你的意思，所以表述要简洁，意思要明白表达。

> 你说话太快，声音太小了！

> 这次进货的意大利面条过多，请将数量减少 1/5。

> 好的！没问题！

音量适中
说话的声音不要太大，注意音调大小，不要让听的人产生不舒服的感觉。

说话越简练越好
话未说出时，应先在脑子里打草稿，拟几个重点。第一个反应一定要先做出正面肯定的回答，就算你完全不同意对方的观点，至少也要感谢他愿意花时间和你沟通。

做个优秀的聆听者，让顾客说出不同意见

处理不同意见的四种方式

不同的意见和见解往往会造成双方的误解，如何灵活处理就需要你的技巧了。处理不同意见有以下四种基本方式：

一、不处理。这种建议听起来好像很奇怪，但是有时候某些异议还真可以置之不理。例如：你在介绍计划时有人会说："听起来，实施这个计划会很复杂！"对此，你的反应可以仅仅是一个会意的微笑，然后继续讲下去，不再理会。

在采取不理会的方法时应非常谨慎。若这些异议对提问人来说真的是个问题的话，那他会始终记着，等你讲完后他还会再提出来，所以在他心中的问题尚未解决以前，你说了什么他几乎都听不进去。

二、一段时间后再处理。我们可以这样说："说得好，一会儿我会讲到这个问题。"或者说："我准备在讲投资部分时谈谈这个问题，我把它留到那时再讲，好吗？"

三、立刻处理。最好的方法是立刻处理问题，你可以说："这是一个很好的问题，现在我们一起看看是怎么回事……""你说这个计划可能难以落实，能否再详细说

说你的观点，让大家能完全明白你的意思吗？"你从这些问题的答复中能更好地理解对方是怎么看待问题的。等他答复后你可以说："要是我的理解没有问题的话……"针对他提出的异议，你给出全面细致的解答，以消除他的心中疑问。

四、**提出之前就处理**。对付潜在问题，这是最有力的方法。第一，这表明你已做了很好的准备，对提出的计划已考虑了他人会怎么说。第二，你能把解答问题与你发言的内容巧妙地融合在一起，根据自己的时间表妥善处理各种异议。第三，你可以用自己的语言引出问题，而不用被动地等待他人的提问。

比如，你可以说："现在有些人可能会说这个计划难以落实，他们说的也许有点道理，但是……"接着解释计划为什么会如期实施、顺利完成。

好的聆听者可以减少误会

这样做你将得不偿失：

- 喜欢打断对方讲话，以便讲自己的故事或提出意见。
- 说话时，没有注视对方的眼睛，甚至不断地催促对方快点讲完。
- 把注意力转移到其他事情上，时常忘记对方所讲的内容。

这样做你会受益匪浅：

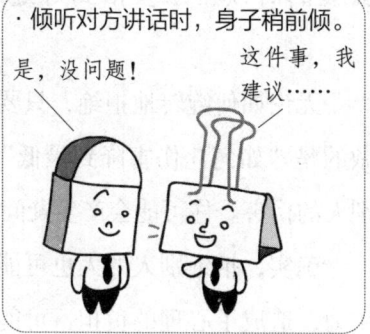

·注视对方。
好的！
我跟你说！

·倾听对方讲话时，身子稍前倾。
是，没问题！
这件事，我建议……

·保持自然的微笑，适当地点头。
好，我了解！
这应该马上处理！

·不要中途打断对方。
臭小子！我还没讲完！
不是！不是！我跟你说……

·提出问题的时机要恰当。
……这就是我这次来的目的。
谢谢你，我刚好有一个问题……

·多用"您"，少用"你"。
是吗？那您觉得哪些地方不好呢？
我对这个产品不是很满意。

必要的时候，学会恰到好处的拒绝

无论如何婉转地拒绝，只要是拒绝就会有伤害，所以我们要做的是"如何让伤害降到最低"，无论是对自己的伤害，或是对别人的伤害。你可能会产生疑问：拒绝别人，自己还会受伤吗？

确实，拒绝别人的人也可能会受到伤害，可能是自己的反作用力，造成了心理的负担，可能是别人的议论，也可能是对方的反击，所以要特别小心处理。而该如何让伤害降到最低呢？在此做一个介绍：

一、**要利落直接**。拒绝人最忌反复，一下好，一下又不好，会让人的心情上上下下，当保持期待的时候，又突然落空，伤害必然会大增。

二、**要循序渐进**。如果前一秒还在云端上，后一秒却突然掉到"地狱"，那么，痛苦之情将不言而喻，所以最理想的状态是一点一点地，从云端开始降到地面，然后再把拒绝之事说清楚，可能会让伤害稍微降低，同时也是比较好的处理方式。

三、**要清楚表达自己的意思**。话要讲清楚，做什么事情最怕讲得不清不楚，结果搞得当事人不知道你的意思，也会造成事情的复杂化，甚至是伤害的扩大。基本上，只要能让目的达成，能让当事双方的伤害降到最低，就是最

了解拒绝的艺术

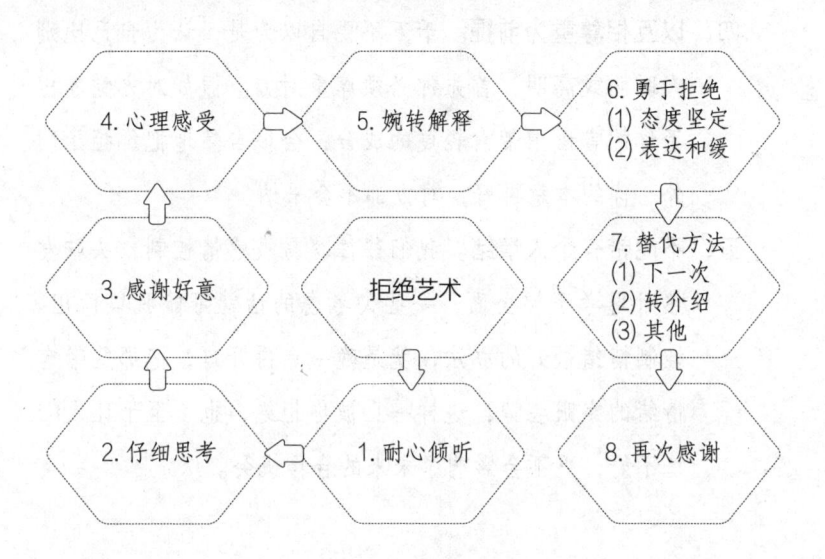

```
4. 心理感受  →  5. 婉转解释  →  6. 勇于拒绝
                                (1) 态度坚定
                                (2) 表达和缓
     ↑                               ↓
3. 感谢好意       拒绝艺术        7. 替代方法
                                (1) 下一次
                                (2) 转介绍
                                (3) 其他
     ↑              ↓
2. 仔细思考  ←  1. 耐心倾听       8. 再次感谢
```

委婉拒绝

你可以在价格上给我个折扣吗？实在太贵了！

谢谢你对这款产品的肯定，这款产品使用的原料都是精心挑选的，所以价格无法降低了……我可以再为您介绍一个类似的商品……

生硬拒绝

你可以在价格上给我个折扣吗？实在太贵了！

不行，要不你就不要买了！

第二章｜销售不是打嘴仗，选择正确的策略促双赢

好的方式了。

四、以互相尊重为前提。千万不要自以为是，认为自己比别人聪明或高明，首先你必须尊重对方。假如对方觉察出了你的言语中带有轻蔑的成分，会很自然地把你拒于门外。你的本意再好，对方都不会采纳。

五、不能带有个人情绪。我们往往容易被感情控制，头脑发热时思考不够全面，一些欠考虑的话就可能脱口而出。控制情绪最好的办法，就是晚一点再开口，把那些带有情绪的字眼去掉，这样一旦被你拒绝，也不至于让人心情不好，更不会影响了未来的合作机会。

销售要懂点博弈心理学——商场竞争必备技能

博弈论的应用

商业的思考策略就是博弈论的应用，博弈论探讨的是当决策者的选择会彼此影响时，该思考如何行动——找出最佳策略。

情侣都遇到过这样的麻烦：男生想在家看球赛，女生想出门逛街，但两人都希望对方可以陪自己时，该怎么办？

两个小偷一起犯案被抓进警察局，警察把他们分开审讯。如果双方都不承认作案，死无对证，两人可能会被轻判；但如果其中一个小偷认罪并检举对方，自首减刑，不认罪的就要被关更久，这两个小偷会怎么办？

以上两个故事的共同点，在于"决策者的选择会彼此影响"，当对方的决定会影响自己的最佳决策时，就不能不把对手的行为纳入考虑，这就是"博弈论"最原始的思考。

在商场中，先考虑对方可能怎么做，再选择自己的决策情境和应对策略。无论是公司对公司的策略角逐，还是人与人的互动，都有运用博弈论的例子。

举例来说，如果A公司降价促销，结果刺激对手B公司也降价促销，最后A公司会不会反受损失？当潜在竞争者想进入市场争夺资源，如果公司增加产能还不能逼退对手，会不会因此而浪费股东的投资？拥有和竞争对手相似的新产品开发方案时，究竟是该知难而退先放弃，还是寻求合作机会？

在商业经济的范畴中，大部分状况都适合运用"非合作博弈"。非合作博弈假设：每个做决策的个体都是自利的，不会为了利他而选择合作，所以要从利润结构、沟通方式等角度，用理性的推论来探讨合作的可能。

知己知彼，共生共荣

博弈训练可让决策者更容易看见事物的全貌，而业务思考策略以及与人谈判的艺术与科学，便是博弈论的应用。有太多时候，我们的决策会影响别人，别人的决策也同样会影响到我们，

日常生活、商业竞争处处皆博弈

白羊和黑羊的博弈论

山谷里,白羊和黑羊在独木桥上相遇,双方都想先过桥,谁也不让谁,该怎么办?

情人间的博弈论

但是我想出门逛街……

今天有好看的球赛——NBA冠军战。

警匪间的博弈论

罪证不是很明确,真是伤脑筋……

我什么都不知道了!

不是我干的!

如果双方都不承认犯案,死无对证,两人可能会被轻判;但如果其中一个小偷认罪并检举对方,自首减刑,不认罪的就要被关更久,两个小偷该怎么办?

该怎么从互动的关系中，思考对方行动的意义，让自己也做出最好的决策，这是销售人员必备的修炼。

掌握议价诀窍，让产品卖出好价格

让我们先假设一下，你销售的产品希望以 10 万元成交，但最低可以接受 9 万元的价格，所以你的议价范围是 1 万元。买主无法接受 10 万元的价格，而且目前已经到了你得降价的时候，你要怎么开始降价呢？

首先，你可以做出比较大幅度的降价，譬如说议价范围的一半，也就是降价 5000 元作为开始。接下来，如果你还必须降价的话，降价的金额必须一次比一次低。第二次可能是 2000 元，然后是 1000 元，最后一次降价是 500 元。为什么要这样做呢？因为这样会让买主有一种错觉，就是他已经把价格砍到低得不能再低了。接下来，要列举并分析错误的降价方式。

一、如果你每次降价 2500 元。买主会怎么想？他会发现，每砍一次价格，他就赚进 2500 元。他会不断逼你，你觉得买主会不会赌你下次降价也是 2500 元呢？

二、你一次降价 10000 元。你会觉得，我怎么可能笨到一次将所有议价空间全部放弃呢？告诉你，你就是会！买方只需告诉你:"我们现在有5家列入考虑的供应商,但是你提出的价格偏高,不过我觉得你们公司的产品可以考虑。"所以,最好的方式就是,再问一次每一家的底价后做决定。除非你是一个身经百战的业务员,不然你一定会忍痛降到底价。问题是他们根本没有保证之后会不会再一次比价(而且通常会继续跟你砍价)。厉害的买主会告诉你,他不喜欢讨价还价,所以买主会要求你最好主动告诉他们最低售价,然后直接告诉你要还是不要。这原本就是谈判,他就是那种喜欢讨价还价的人,他无非希望在谈判开始之前就让你做出最大的让步。

三、**一开始只降了一点点,打算测试一下买主的反应,所以你只降了1000元。**问题在于,若是买主没有反应,你还是得继续降价,下次你只好降2000元,买主还是没有反应,所以你又了5000元。你做了什么呢?你的降价一次比一次大,你永远谈不成这份合约,因为你让买主有了预期的心理。

下次你去买东西时,卖方降价的尺度逐渐缩小,你也别以为他的底价已经接近了。他很可能只是在使用本节介绍的这一方法而已,继续跟对方砍价吧!

议价的诀窍

议价前,你必须了解的事:

- 明显说明让步的代价。
- 每次让步都需投桃报李。
- 先说条件。
- 所有议题一起谈,保持多项议题的关联性。
- 把筹码按重要性分配。

成功的砍价

老板,我要买这件499元的衣服,但是可以算便宜一点吗?

算你450元,好吗?

还是太贵了!算400元吧,我常来买的。

你买两件我算你750元了!

好吧!成交!

不成功的砍价

老板,我要买这件699元的衣服,但是可以算便宜一点吗?

算你650元吧!

还是太贵了!算便宜点,我常来买衣服的。

好吧!算你600元,不要再砍价了!

每次都降价50元……是不是原本就故意卖得很贵,想要骗我啊?

第二章 | 销售不是打嘴仗,选择正确的策略促双赢

提高自己的工作能力，取信于上级及合作伙伴

增强自己的工作能力

若你能够明白你的上级，了解他的性格，你就会明白这个老板是否值得你投资在他身上。老板的思考模式是用"相对"，而不是"绝对"；是用"宏观"，而不是用"微观"。当你了解了这些，基本上已经可以阅读老板的心了，你还需要弄清楚：老板最计较的是什么？最重视的是什么？最想得到的是什么？

老板招聘员工最在意的是投资报酬率，职场上很多人都会说自己工作非常努力、很忙、正在做很多事情，但这不是老板想见到的结果。老板最在意的是你可以"完成"多少工作，而不是"正在做"多少工作，做事的过程绝对没有结果重要，站在老板的角度来说，他强调结果。如果他只注重过程，公司基本上不可能拥有竞争力或生产力。员工会强调自己付出的"劳力及努力"，但是不了解老板最看重的就是结果，即"生产力"。

当你在一个团队中有解决问题的深厚实力时，你的上级和合作伙伴将乐于和你一同工作！专业能力、解决问题的能力是你在职场中最有力的武器！

使自己成为值得信赖的伙伴

老板是否相信你是个值得信赖、担得起大事的人呢？很多时候，老板让员工负责某项工作，不是看谁能够做到，而是看谁信得过，在公在私也是一样。公司有很多商业秘密，同样老板也有一些隐私是不想让员工知道的，如果能够赢得老板对你的信任，即使你的效率不高，也会有更多锻炼成长的机会。

成为一个好的聆听者

要成为老板及合作伙伴最好的聆听者，你可以适时提出有用的建议。如果你是个好的聆听者及善意的聆听者，守口如瓶，做事又能及时反馈，有问题也愿意提出自己的看法，当有重要任务时，老板当然会第一个找你！

人与人之间的相处，就像一面镜子。用欣赏的角度去面对老板，老板也会重用你；用藐视的态度去面对老板，老板就一定会还以颜色，你就会失去很多机会。

处理好人际关系，这是销售的基本功

多一个朋友就多一条路

成功的营销人员总是交友广泛，利用朋友的力量寻觅商机。"广交朋友"是商人从商最大的生意经。生意人需要确立这样的信念：世界上的各个角落都有你的人脉，人脉的宽广度直接影响成就的大小。

世界上每个人都可能成为你的朋友，这些朋友对你都会有非常大的帮助。人是群居动物，人的成功来自他所处的人群、所在的社会。

人脉的重要价值表现在以下几个方面：

一、**三个臭皮匠，胜过一个诸葛亮。**只有完美的团队，没有完美的个人。团队的智慧永远大于个人的智慧，团队的力量永远大于个人的力量。个人即使再完美，也难免会有一些缺点，这就是人性的弱点。而团队与个人的不同在于，在一个团队当中，每个成员都可以彼此优势互补。

二、**人脉是一面镜子。**人脉是一面镜子，他们会发现一些你根本没想到的失误，他们会告诉你，什么是有趣的、什么是观察入微的、什么是有碍发展的，以及你写的营销企划、广告文案或一些营销技巧是否有效。一个人单打独斗会出现的盲点，通过团队合作可以获得改善。

三、通过人脉了解你的竞争对手。所谓知己知彼，方能百战百胜。你必须掌握竞争对手的特点、动向，比如他们是否重视行业培训？是否鼓励员工进修，以加强他们的技能？他们在同行业中的名声如何？是否参加行业展会？有没有加入商业性组织？这些都是值得注意的事。

你的人脉网是了解这些信息的最佳渠道，而且大部分信息是真实可靠的。你的朋友只会帮你，而不会去帮你的竞争对手。所以，妥善地处理人际关系的大事小事，多交一些值得深交的朋友，当你需要帮助的时候，你将会发现身边充满了力量。

不是你去说服客户，而是让客户自己说服自己

［案例一］

销售员："您好，我是××电器公司业务员杨威，我打电话给您，是觉得您会对我公司最新推出的 LED 电视机感兴趣，它是今年最新的款式，采用了 200Hz 智能动感技术，色彩更艳丽，清晰度更高，而且是超薄的，还节能省电……"

客户："哦，我们的电视机凑合着还能用，目前还不需要 LED 电视。"

销售员："哦，是这样，请问您喜欢看体育比赛吗，比如说 F1 赛车？"

认错的哲学

真诚地认错会带给你良好的人际关系，让我们一起来了解一下认错的哲学。

怎样承认错误？

> **真诚是关键**
> 认错一定要真诚。如果别人无法感受到你的诚意，那么就算你滔滔不绝，也没有半点作用。

⬇

> **勇于承担责任**
> 认错并不可耻，只有勇于承担责任，并尽力挽回犯错导致的损失，才是顺利解决问题的正确途径。

⬇

> **把别人的批评当作褒奖和鼓励**
> 如果因为犯错而受到批评，那么请感谢批评你的人，并以此作为自己前进的动力。

⬇

> **从他人的角度考虑问题**
> 想一想对方的立场，或许你的观点就会发生变化。反向思考是认错的前提。

客户:"是啊,F1是我最喜欢的体育赛事了。"

销售员:"不知道您有没有注意过,看比赛的时候,一般电视的画面会出现抖动和闪烁的现象,看着非常不清晰。有时候,还有拖尾现象。"

客户:"是啊,是啊。每次都让我非常郁闷,但我一直认为电视机都是这样的。"

销售员:"不是的。其实在采用一些智能技术之后,就可以消除这些令您不高兴的现象。比如说我们这款电视机,就可以通过自动分析相邻两帧的运动趋势并生成新帧,彻底消除画面的抖动和闪烁现象,画面就像丝绸一样平滑顺畅。要不您改天来店铺亲身感受一下?"

客户:"听起来不错,那我改天去看一下吧。你们最近的店铺在哪里?"

[案例二]

情人节的前几天,一位销售员给客户家里打电话推销化妆品,接电话的是男主人。

销售员:"先生,您好,我是××化妆品公司的美容顾问罗斯,我们公司的化妆品是公认的好牌子,深受广大爱美女性的喜欢。我想您的夫人可能想买套化妆品。"

客户:"化妆品?我太太没准会喜欢,她一向就爱打扮。但她今天不在家,我没法替她拿主意。"

销售员:"先生,情人节马上就要到了,不知您是否已经给您太太买了礼物呢？我想，如果您送一套化妆品给太太，她一定会非常高兴的。"

客户："嗯……"

销售员（抓住时机）："每位先生都希望自己的太太是最漂亮的，我想您也不例外。"

客户："你们的化妆品多少钱一套？"

销售员："礼物应该是不计价钱的，要送给心爱的太太，当然要挑最好的。"

于是，一套很高档的化妆品就这样推销出去了。

客户最不喜欢被人说服和管理，尤其是自己不喜欢的人。对于新客户而言，你还不足以让他对你产生信任。这个时候你最好别把自己的意见强加给客户。人们都讨厌被推销员说服，但是喜欢主动做出购买决定。推销员的目标就是：帮助人们对他们销售的产品产生兴趣和需求，从而自己说服自己，也就是让客户认识到自己的需求。

案例一中的销售员就很善于引导顾客发现自己的需求。

首先，肯定客户的说法。销售员向顾客介绍 LED 电视机，而顾客表示暂时不需要。这时候，如果继续向顾客介绍产品，得到的回答必然是拒绝，销售员很聪明地及时停止了。

然后，话锋一转，问顾客是否喜欢看体育比赛。这是很家常的提问，顾客不会有防范意识。接下来就自然而然地提到电视机的观赏体验，从而激发顾客对 LED 电视机的兴趣，之后的产品介绍就水到渠成了。这是销售员为客户创造需求的过程,最终以销售员的胜利而结束。

跟案例一类似,案例二中的销售员是抓住了情人节这个契机推销成功的。

刚开始时,推销员反复向男主人介绍化妆品的好处,结果并不理想。这时,销售员灵机一动:"如果您送一套化妆品给您太太,她一定会非常高兴的。"结果那位男主人果然心动了,当他询问价钱时,推销员又机智地说:"礼物应该是不计价钱的。"最后化妆品以原价成交了。推销员正是抓住了"情人节"这个契机,成功销售了高档的化妆品。

抓住新旧需求的拐点,既考验销售员的随机应变能力,更是一场与客户的博弈。

"没有需求"型的顾客很多情况下并不是真的没有需求,只是出于本能的防范心理,不愿意被销售员缠住。但是销售员如果能发挥思维优势,提出让顾客感兴趣的事情,他也是愿意和你交流的。这时候要及时把握好客户关注的焦点,让自己有机会在和客户沟通的过程中,掌握好客户的真正需求所在,进而促进成交。

第三章
给顾客一个购买的理由：
把好处说透，把益处说够

做好资料收集，知己知彼百战不殆

事前准备的重要性

"凡事预则立，不预则废"，"预"就是准备的意思，做任何事情只要有准备，成功的机会就比较大；相反，如果没有准备，失败的机会就比较大。对于这句话，我们在学生时代体会最为深刻，通常在准备比较充分的前提下，考试成绩自然比较好；如果没有准备的话，考试成绩就会比较差。考场如此，商场上做生意也是同样的道理。

因为工作上的关系，每年王先生都要和日本马自达汽车公司、韩国起亚汽车公司进行几次关于零件进口价格的谈判。因为每年采购的金额相当庞大，因此，谈判结果显得愈发重要。尤其是日本国内的价格营销策略是依市场定价，为了能在国外市场卖个好价钱，其价格一般都定得偏高。

但基本上，最后的交易价格还是靠双方谈判决定的，因此，如何谈出一个能被双方同时接受的价格就非常重要。而我们通常都比较重视谈判的过程和谈判的结果，以致疏忽了谈判前的准备工作。

谈判前，要对对方的情况做充分的调查

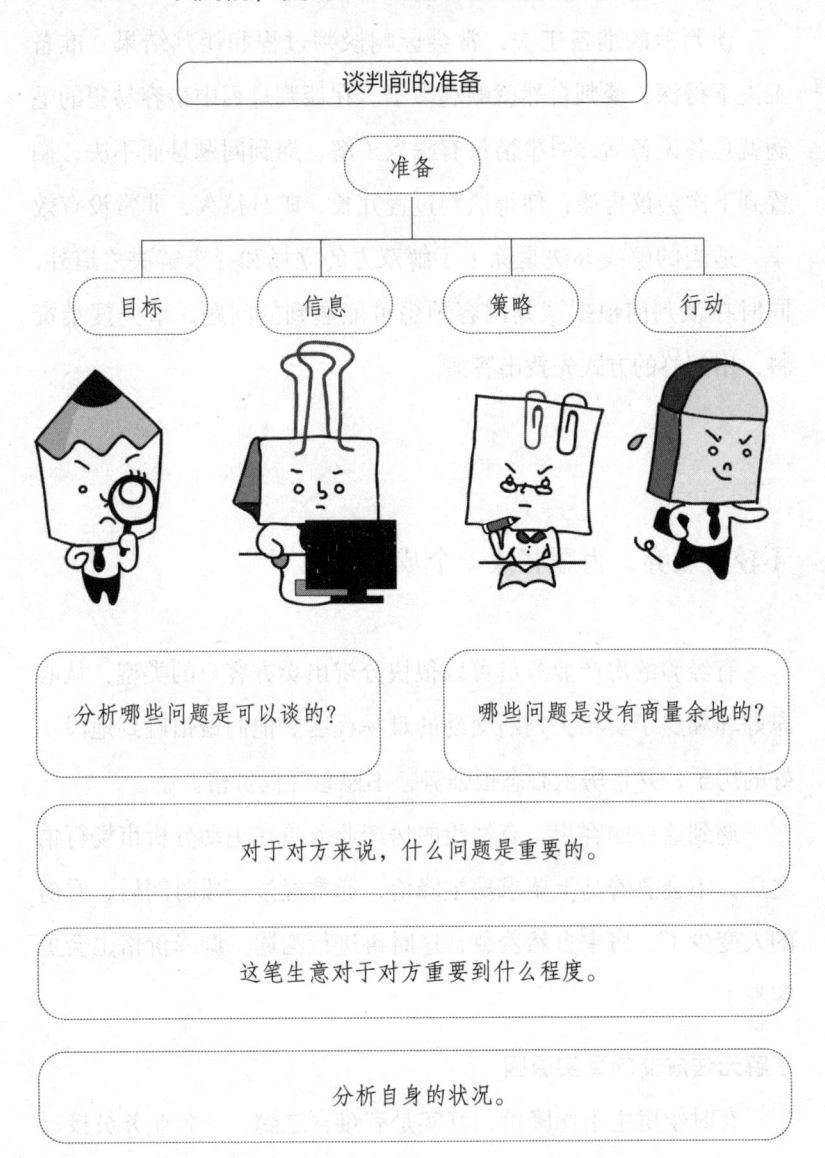

谈判前的准备

准备
├── 目标
├── 信息
├── 策略
└── 行动

分析哪些问题是可以谈的？

哪些问题是没有商量余地的？

对于对方来说，什么问题是重要的。

这笔生意对于对方重要到什么程度。

分析自身的状况。

资料齐全，结果大不同

谈判前的准备工夫，常会影响谈判过程和谈判结果。准备工夫下得深，谈判自然就顺利多了。在谈判过程中最容易犯的毛病就是各说各话，对事情没有深入了解，遇到问题悬而不决，搁置到下次会议再谈，使得谈判过程冗长，旷日持久，非常没有效率。适当的解决办法是除了了解双方的立场和寻求解决之道外，同时在谈判前根据谈判内容预想可能遇到的问题，事先搜集资料，用问答的方式先找出答案。

不轻易放弃，为顾客找一个成交理由

有经验的房产业务员可以很快分辨出卖方客户的类型，从心态好坏和房子卖相去判断交易的难易程度。他们最怕碰到地段不好的房子，并且房主心态很强势，不愿意降低价格。

遇到这样的客户，有经验的房产业务员在主动分析市场行情之后，不会急着马上要求房主降价，通常经过一段时间后，看房的人变少了，房主自然着急，这时再进行沟通，调降价格也会更容易了。

了解无法成交的真实原因

有时候房主不愿降价，其实是有难言之隐。一名业务员接过这样一单生意：菜市场中位置最好的黄金店面出售，当时店面的房主是一位老太太，她说自己年纪大了，没办法继续卖水果，想把店面卖掉。老太太开出了380万元的天价，虽然是地段最好，每月有一两万元的租金收入，但是最高价基本维持在200多万元，几次与老太太沟通降价，总是谈不拢。

不轻易放弃

一般业务员遇到这样的瓶颈很快就放弃了，但是有一位业务员却不放弃，每天早上到市场摆张桌子，挂着"出售黄金店面"的牌子，有时还会发传单，下午四五点就陪老太太收水果摊，一两个月下来，业务员不但对当地市场的真实房价了若指掌，其诚恳的态度也感动了房主，让房主卸下了防御心理。

在一次聊天中，老太太才透露，其实卖掉店面也是迫不得已的，她要替欠债的儿子偿债，还要给自己留些老本，才想多卖一点钱。当对方愿意说出卖房的真实动机时，一切就好谈了。这位业务员认真替老太太做了完整的理财规划，包括儿子的债务需求以及养老钱，那间黄金店面最后以280万的价格售出。

要洞悉客户的心，其实不是没有蛛丝马迹可循的。以买卖房屋为例，卖方是不是投资客，其实一看就知道，通常投资客只在乎能不能获利，对于房屋的状况不太在乎，而且考量的是能不能短线脱手，因为这些人多半资金压力比较大。当遇到这些类型的客户，要对他们进行市场行情的专业分析，提供进场

谈判过程中，让对方无法对你说"不"的方法

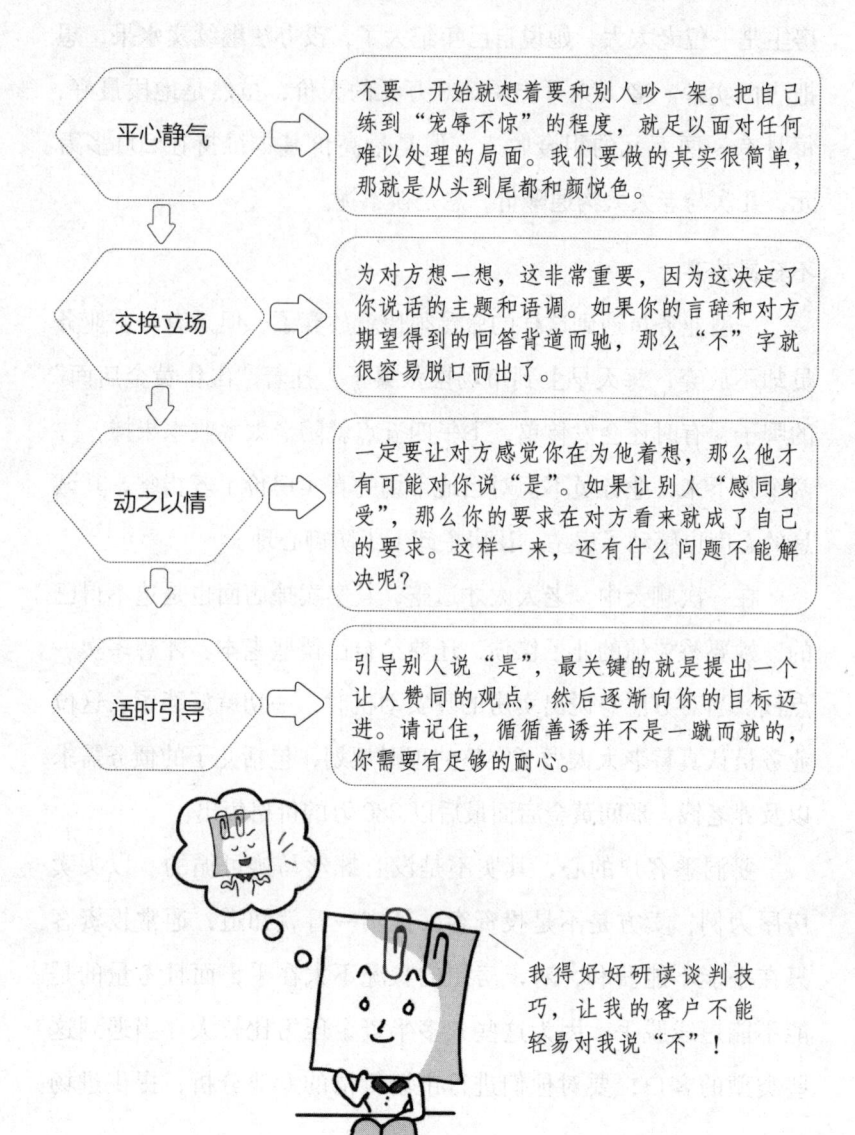

平心静气 ➡ 不要一开始就想着要和别人吵一架。把自己练到"宠辱不惊"的程度，就足以面对任何难以处理的局面。我们要做的其实很简单，那就是从头到尾都和颜悦色。

交换立场 ➡ 为对方想一想，这非常重要，因为这决定了你说话的主题和语调。如果你的言辞和对方期望得到的回答背道而驰，那么"不"字就很容易脱口而出了。

动之以情 ➡ 一定要让对方感觉你在为他着想，那么他才有可能对你说"是"。如果让别人"感同身受"，那么你的要求在对方看来就成了自己的要求。这样一来，还有什么问题不能解决呢？

适时引导 ➡ 引导别人说"是"，最关键的就是提出一个让人赞同的观点，然后逐渐向你的目标迈进。请记住，循循善诱并不是一蹴而就的，你需要有足够的耐心。

> 我得好好研读谈判技巧，让我的客户不能轻易对我说"不"！

时机点，这样做才能满足对方的需求，同时要不断地替对方找到一个成交的理由。

划着的火柴才能点燃蜡烛，客户只买"热情"的单

这是发生在美国的一个真实故事：

一个风雨交加的夜晚，一对老夫妇走进旅馆的大厅，想要住宿一晚。无奈饭店的夜班服务生说："十分抱歉，今天的房间已经被早上来开会的团体订满了。若是在一般没有空房的情况下，我会送两位到其他的旅馆，但外头下着大雨，两位何不待在我的房间呢？它虽然不是豪华套房，但还蛮干净的，因为我必须值班，我可以待在前台休息。"

这位年轻人很诚恳地提出这个建议，老夫妇也大方地接受了。隔天，老先生前去结账时，前台仍是昨晚的这位服务生，他依然亲切地表示："昨天您住的房间并不是饭店的客房，所以我们不会收您的钱，也希望您与夫人昨晚睡得安稳！"

老先生点头称赞："你是每个旅馆老板梦寐以求的员工。"

几年后，这位服务生收到一位先生的来信，信中说了那个风雨夜晚所发生的事，另外还附有一张邀请函和到纽约的来回机票，邀请他到纽约一游。在抵达曼哈顿后，服务生在某个路口遇

到了这位当年的旅客，而这个路口矗立着一栋华丽的新大楼。

老先生说："这是我为你盖的旅馆，希望你来为我经营。"

服务生莫名惊奇："您到底是谁？您为什么选择我呢？又有什么条件呢？""我叫威廉·阿斯特，我没有任何条件，我说过，你正是我梦寐以求的员工。"

这家旅馆就是纽约最知名的华尔道夫饭店，这家饭店在1931年启用，是纽约极致尊荣的地位象征，也是各国高层政要造访纽约的首选酒店。

当时接下这份工作的服务生就是乔治·波特，一位奠定华尔道夫世纪地位的推手。毋庸置疑的是他遇到了"贵人"，可是如果当天晚上是另外一位服务生值班，会有一样的结果吗？

人间充满着许许多多的机遇，每一个机遇都可能将自己推向另一个高峰，不要忽视任何一个人，学习对每一个人都热情相待，把每件事都做到完善，对每一个机会都充满感激吧！

一般谈判中，谈判对手角色关系图

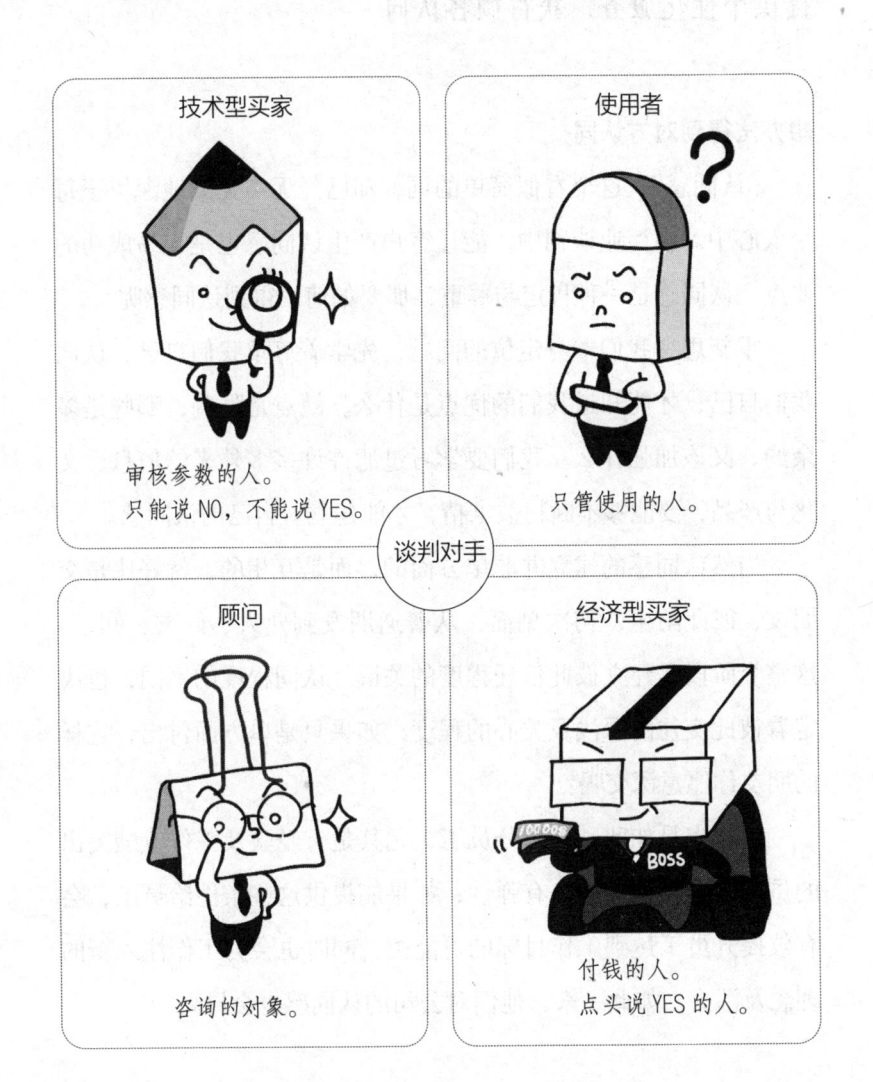

技术型买家

审核参数的人。
只能说 NO，不能说 YES。

使用者

只管使用的人。

谈判对手

顾问

咨询的对象。

经济型买家

付钱的人。
点头说 YES 的人。

第三章｜给顾客一个购买的理由：把好处说透，把益处说够

提供个性化服务，获得顾客认同

想办法得到对方认同

"认同感"，这个看似简单的词，却已经无声无息地深植于每个人心中。在商业谈判中，能让客户产生认同感也是交易成功的要点。认同感是一种肯定与尊重，那要如何去得到认同感呢？

重新思考我们本身定位的问题，先学着尊重我们自己，认同我们自己，才能知道我们的优点是什么，缺点是哪些；哪些是多余的，又该加强什么。我们要学习过滤许许多多外来的信息、文化与产品，要能够不断精益求精，才能建立对自己的认同感。

当然认同感的建立并非单方面的，而是互相的，就好比是交朋友，彼此陌生，初次见面，从普通朋友到熟人、好友、知己，这整个阶段是建立彼此信任程度的关键。认同程度的不同，也决定着彼此交往的深浅及关心的程度，如果只是单方面付出，这样的朋友你愿意深交吗？

工作也是如此，大部分员工，尤其是有经验及工作业绩突出的员工，希望在工作上有弹性，如果能提供这些条件给员工，会有效提升员工达到工作目标的可能性，同时也会为工作注入新的理念及活力。如此一来，他们对公司的认同感也会提高。

取得客户认同前，先了解客户的需求

满意的客户不等于忠诚的客户

满意度已不再是良好的顾客关系最核心的衡量标准了，忠诚度才是，越忠诚的客户与往来银行的互动越频繁。

得到客户的认同是建立顾客忠诚度的基础

若银行越能妥善保护客户的资产、提供更确实无误的交易、与客户诚信往来，及尊敬客户等，就越能赢得客户的满意度与忠诚度。

客户希望银行能提供隐性报酬

受访客户表示，若银行提出忠诚度计划，并依据客户开户的时间长短及业务规模提供隐性报酬，他们会考虑与该银行建立关系。

取得客户认同的方法

任何形式都能拥有绝佳的服务

受访客户表示，愿意托付更多的资产给他们认为服务较好的银行，不论是柜台服务或是网络银行服务。

客户希望拥有量身定做且独特的银行服务

顾客期望银行能更了解他们，明白其需求，并提供独特与定制化的金融服务。

认同感能提高工作热情

如果你对你的工作与公司产生认同感，公司也认同员工的付出，你的热情将会不断地燃烧，周一倦怠症也不会产生，因为你会认为工作是愉快与光荣的。能够在那里工作，与伙伴一起打拼，互相勉励，与公司一起成长，而公司也乐于分享成果，这样的工作模式会产生倦怠吗？员工少了倦怠感，流动率自然会降低，产值也将不断提升，这是彼此互利互惠的模式。

如果你可以让你的客户对你产生认同感，他对你说的话、对你提的方案充满信心，基于对你的信任与认同，生意成交的机会也将大幅提高。

我们要将自己打造成一个品牌，用心去经营自己，让认同自己的人越来越多，这样处理起各项事务都将无往不利了。

用服务增加品牌价值，让顾客感觉物超所值

消费者购买的不是产品的本身，而是与产品相关的一系列价值，特别是情感价值。消费者购买同质的产品时，往往受情感价值的驱策，消费情境前后的体验同样都很重要。

提供"体验"的乐趣

无论我们将产品和服务销售给个人还是团体，现在的顾客都

需要体验。体验给他们带来趣味、知识、转变和美感，也正是对这些永恒特性的更多渴求带动了体验式营销，促进了体验经济的进一步发展。一些大型的企业开始设立俱乐部，让消费者始终体验作为品牌高端消费者的 VIP 服务。

必胜客作为全球著名的快餐品牌，其打造的"欢乐面孔"有三大主要追求："欢乐美食""欢乐环境"和"欢乐服务"。"欢乐美食"为顾客提供了数十种不同口味、卫生可口、品质优良的比萨和其他菜品，同时为适合不同国家的饮食习惯，量身打造了适合当地人群的特色产品。

必胜客通过为顾客创造一系列的欢乐体验，使它的品牌精神得到了细节上的体现，打造了一种以"欢乐、休闲、情趣、时尚、品位"为主题的餐饮模式。

很多汽车品牌都推出了"试乘"活动，通过试乘这一体验式营销，让消费者亲身体验车辆的独特优势。比如汽车公司东风悦达·起亚推动的"百辆远舰·百人百日免费试乘活动"，让更多的消费者通过情感体验，"志在确立中级车市场新概念"，为该领域目标消费群体确立清晰、超前的品牌内涵。

将情感服务作为企业品牌价值

在产品越来越同质化的时代，产品的价值更多地体现在情感服务上。满意度是客户最基本的要求。建立客户忠诚度才是我们的最高追求。更多的企业越来越把情感服务作为企业品牌价值和市场营销的主题元素。

服务是一种态度,它需要热情;服务是一种感觉,它需要真情。只有感动才能创造巨大的购买力。也就是说,企业真正销售的并不只是物质产品,而是温馨的氛围;企业真正提供的并不是服务,而是情感体验。单纯的价格战已越来越远离消费者的期待,充满人情味的价值战正成为商家竞争的必然选择。

────── 价值与价格的差异 ──────

价值:主观的、无法量化的,因个人的(价值)观念而不同。
价格:客观的、可量化(金钱化)。

想获得信任,说话就要靠谱

诚实代表一个人的人格、信用,所谓"人无信不立",人不诚实,就不会成功。在《狼来了》的故事中,放羊的孩子说谎,戏弄农夫,还以此为乐。但因为说谎骗了人,所以当狼真的来了,说谎的孩子和羊群都成了狼的果腹之物。另外,周幽王为了博取宠妃褒姒的一笑,不惜以"烽火戏诸侯",却因此失信于诸侯,最后招致亡国之恨。

商业套餐

员工与老板开会

这个提案,你务必要在下周一前再调整一下,否则很难过关……

唉……

情人约会

这个假期我们去××玩好不好?

好啊!

同样的餐点,跟不同的对象享用,在感受上往往有很大的差异。

必胜客成功打造了一种以"欢乐、休闲、情趣、时尚、品位"为主题的餐饮模式。

第三章 | 给顾客一个购买的理由:把好处说透,把益处说够

诚实是为人处世的根本，美国总统华盛顿小时候砍了樱桃树，当大人责问时，他直接承认，"华盛顿砍樱桃树"的故事至今依然成为美谈。

诚实有多重要，我们可以由以下几点进行体会：

一、**赢得尊重**。诚实的人就算是失败了，由于他的诚实，立下好的信誉，最后还有机会东山再起。

二、**感到安心**。说谎的人，就算是得到一时的利益，但良心不安；诚实的人，就算是吃了亏，但却感到心安理得。当我们心安理得地进行销售谈判时，就会如实告知产品的优势和缺点，没有刻意隐瞒，也就不怕客户对比和考察。

三、**获取信任**。有一个人开布店，顾客上门买布时经常会问："多少钱一尺？""三块钱一尺。""褪不褪色？"这时他只有说谎"不褪色"，才会有人买。有人告诉他，你可以不必说谎，当顾客问褪不褪色时，你可以说："三块钱一尺的会褪色，另有八块钱一尺的不褪色。"多年以后，他从小布店到盖起了大楼，生意越做越大，这不就是诚实取得别人信任的收益吗？

四、**友谊永固**。朋友交往时，最伤害友谊的行为，莫过于说谎不诚实。说谎的朋友，一旦被对方拆穿后，必定翻脸成仇，不如用诚实的态度，说诚实的语言，诚实是友谊永固的重要因素之一。

以诚实赢得信赖

要说实话
我上周骗了老客户……
犯错要承认
对不起……
实话实说不就没事了嘛?
大家信任你是诚实的人，就会愿意跟你做生意，做生意时也会口耳相传，让生意做得更大。
也要鼓励别人说实话
上个月的产品其实合格率不高……
只要讲实话，大家都会帮助你的!
不要夸大扭曲事实
这部手机，连我家刚满月的儿子都会用……
……

用顾客的语言说话,让沟通更顺畅

用听众的语言说话

说话时要注意,尊重对方的文化差异,尽量用对方较容易接受的语言来表达和交流。当人们在沟通时,通常会对与自己使用相同表达方式的人产生好感与亲和感。

有位补习班讲师因为工作需要,时常得搭乘高铁。这天授课是在星期五,他与另一位同事相约课后一同搭出租车至高铁站。于是课程结束时,讲师立即将电脑关机,收拾好文件准备离去。此时,突然有一位女同学跑向前来说:"老师,可以提供刚才上课的解答文档吗?"尽管这位讲师心里有点急,但他仍面带微笑地回答说:"我的电脑关机了,稍后我会请秘书发电子邮件给你。"接着不等学生回答,就三步并作两步地离去,在离去之前,隐约听到那位女同学小声说着"关机还可以再开机啊"等类似抱怨的话。粗心的讲师也不以为意,就跟着同事搭车离开了。

星期一一早上班时,讲师就接到来自公司同仁的询问电话。原来那位女同学在讲师离去后,随即向公司投诉:"××讲师授课不认真、态度不好,建议开除这名讲师。"听完同事的转述时,这位讲师顿时觉得百口莫辩。

心情平复之后,讲师仔细回想事件的争议点,原来就是因为没有用对方能理解的语言进行交流。以这件事来说，当对方要求提供解答文档时，她在意的是能否拿到解答文档，但是讲师因为已经把文档删除了，就算开机也没有文档。不过，讲师却回答关机了，让对方误以为是老师懒得开机，所以不愿提供解答文档。

避免因误会造成危机

如果当时能稍微多花 5 分钟的时间，清楚地告知对方无法提供解答文档的真正原因。同时，当听到同学的抱怨时，也应该立即回应，了解对方的实际需求，或者时间上真的来不及，也可以在出租车上打电话给负责课程现场服务的同事，寻求帮助，请他们代为处理，如此才能避免造成同学的误会，也让自己化解了一次顾客信任危机。

如何使用对方的语言

受过训练的聆听者会很快了解对方的优势语言，然后用同样的方式回应对方。

听觉方式：

当汽车业务员用听觉方式和他的顾客交谈时，他会这样打开话匣子说：

您听，这辆汽车的发动机运行时，声音小得好像小猫的叫声。

视觉方式：

以视觉方式上看，他会用手摸着汽车的外壳说：

您看这辆汽车的车身线条，车身的颜色光滑明亮，和汽车内饰的颜色十分搭配。

感觉方式：

从感觉方式上看，他会打开车门说：

您试试坐上这个座位，感受那种舒服和柔软的感觉。想象一下，手握着方向盘的那种感觉。

建立信任关系，培养顾客忠诚度

任何一个生意的基础，靠的是双方建立起来的相互信任。通常人们只愿意与那些自己了解的、喜欢的和信任的人做生意，信任就是销售的基础。

在销售领域内，信任有三个来源：

一是对公司或团队的信任。

二是对业务员的信任。

三是对我们所提供服务（产品）的信任。

所以，一旦让客户产生信任感，就等于成功了一半。

针对与客户建立信任关系这个问题，我们将分两个层面进行探讨，即公司层面和销售人员层面。

公司层面

一、**在公司层面建立信任关系，需要提供以下支持。**（1）借助广告（软硬广告）影响目标客户，在业务员与客户接触之前，就已经让客户对你所在的公司有所了解。（2）公司制作和准备专业而精美的宣传材料很重要。如果客户接到你的资料后有种耳目一新的感觉，肯定会对你所在的公司产生深刻的印象，也利于下一步工作。

二、**专业的网站或新媒体账号。**网络迅速发展的今天，网站或新媒体已成为客户初步评估供应商的一个窗口，所以一个专业而漂亮的网站也会为企业增加不少的信任度。

三、**相关案例和客户评价。**有些客户需要这些材料来建立信任度，他们喜欢听第三方的意见。所以，要随时准备一些可以帮助他们产生信任感的故事给他们听，例如客户的评价信。

销售人员层面

在大部分的情况下，销售人员层面的信任关系要比公司层面的信任关系更重要。因为大部分客户是通过与业务员的直接接触来形成对公司的第一印象的，即使在这之前他可能看过公司的广告或是听朋友说起过，但这些都是间接印象。如果业务员的表现让客户产生不信任感的话，那完成销售任务也是很困难的。

信任感会使顾客习惯和你做生意

客户生命周期——客户的成长策略

喜好忠诚度：一种态度上的喜好所带来的忠诚。
习惯性忠诚：因使用者的使用习惯而带来的忠诚。

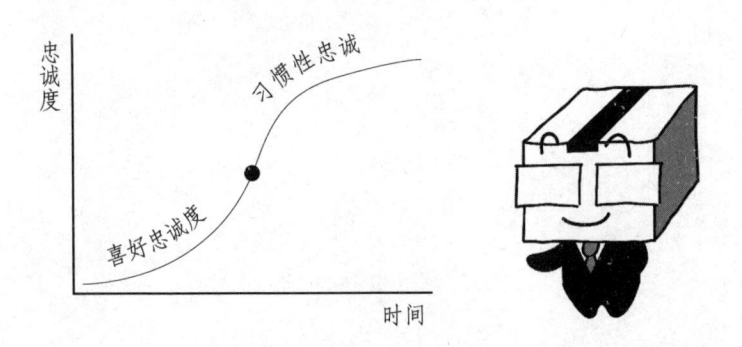

信任关系——信任金字塔

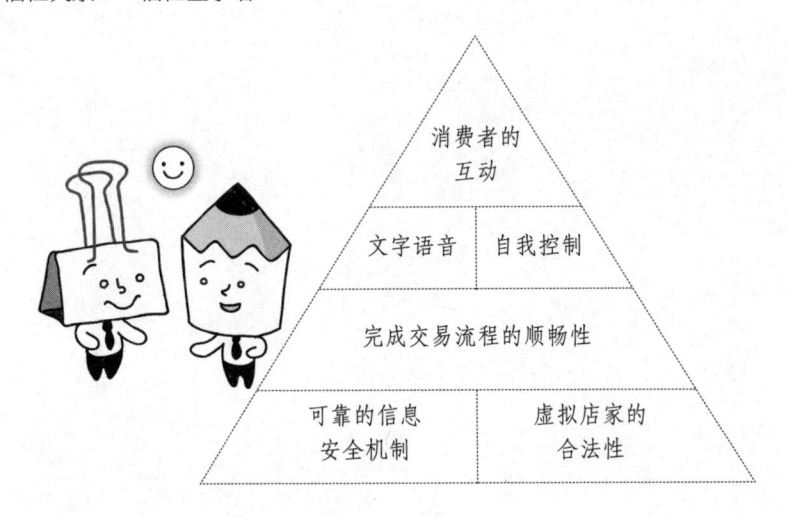

消费者的互动

文字语音 | 自我控制

完成交易流程的顺畅性

可靠的信息安全机制 | 虚拟店家的合法性

第四章

销售要从顾客角度出发,才能赢得顾客的心

面对实际型对手,要思考其真正的需求

重视结果

实际型对手个性独立、坦率、果断、实际且讲求效率,许多企业主管的风格以这种类型居多。

实际型对手最重视的是最终的结果,因为个性急切,性格果断,你必须仔细聆听他们所要达成的目标,并针对特定问题尽快切入主题,尤其论述过程必须准备周全,有事实及证据,最好提出几种不同的方案,同时须避免漫无目的的谈话。

思考顾客真正的需求

很多业务员在面对客户的问题时,并不会先去分析该以哪个层面为优先,所以常发生误会。

"我后悔上个月买的那份投资型保险了,它的收益率似乎不像你说的那么稳健。"客户对保险员抱怨。

很多保险员会这么回答:"可是您现在退保的话,之前交的保费恐怕不能退回!"这基本上是失败的话术,因为客户的第一层问题是"我该如何获利",所以你必须向他提供"如何转换投资标的"或"如何选择标的"等建议,应该用将心比心的态度去思考他抱怨的原

实际型对手

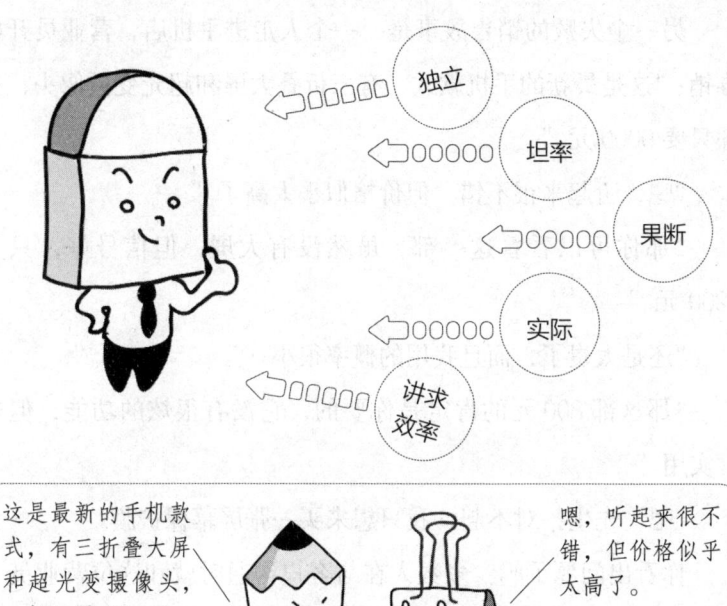

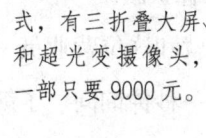

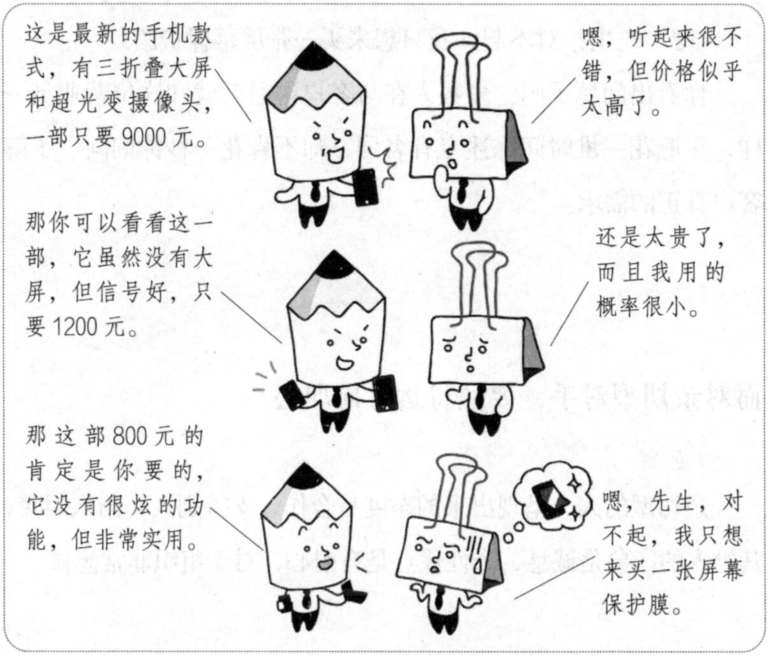

- 独立
- 坦率
- 果断
- 实际
- 讲求效率

这是最新的手机款式,有三折叠大屏和超光变摄像头,一部只要9000元。

嗯,听起来很不错,但价格似乎太高了。

那你可以看看这一部,它虽然没有大屏,但信号好,只要1200元。

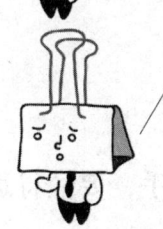

还是太贵了,而且我用的概率很小。

那这部800元的肯定是你要的,它没有很炫的功能,但非常实用。

嗯,先生,对不起,我只想来买一张屏幕保护膜。

因，而不是一开始就让双方无台阶可下，以致生意告吹。

另一个失败的销售故事是，一个人走进手机店，营业员开始推销："这是最新的手机款式，有三折叠大屏和超光变摄像头，一部只要9000元。"

"嗯，听起来很不错，但价格似乎太高了。"

"那你可以看看这一部，虽然没有大屏，但信号好，只要1200元。"

"还是太贵了，而且我用的概率很小。"

"那这部800元的肯定是你要的，它没有很炫的功能，但非常实用。"

"嗯，先生，对不起，我只想来买一张屏幕保护膜。"

你看出问题了吗？多数人在与客户沟通时就和这位营业员一样，宁愿花一堆时间陈述专有名词，却不肯花一秒钟询问、了解客户真正的需求。

面对亲切型对手，要懂得运用同理心

亲切型的人，呈现出来的态度是合作、支持别人、给人温暖，其给人的印象是诚恳，个性优点是有耐心，对于组织非常忠诚。

亲切型对手

- 合作 ○○○○○⇒
- 支持别人 ○○○○○⇒
- 给人温暖 ○○○○○⇒

⇐○○○○○ 诚恳
⇐○○○○○ 有耐心
⇐○○○○○ 忠诚

亲切型代表人物1

要懂得站在对方的角度上思考。

亲切型代表人物2

对员工有同理心

第四章 | 销售要从顾客角度出发，才能赢得顾客的心

懂得站在对方的角度上思考

亲切型对手通常都具备同理心，会站在对方的角度上思考问题，表达支持与关怀。以销售为例，如果所要沟通的销售对象是亲切型的，那么你必须了解一点，此类型的人希望你也能对"他个人及他的问题表示关怀"。

要销售产品或服务给亲切型的人，你必须有长期沟通的准备，慢一点，花一点时间与其建立彼此间的良好友谊，给予其温暖与诚挚的关心；若双方素不相识，建议先闲聊一下再进入正题，可以提一下你们可能认识的人，拉近彼此之间的距离；尽量避免会谈一开始就立刻进入主题，或者冷淡地只谈公事，这都不是亲切型所喜欢或习惯的互动气氛。

同理心的重要性

同理心包括了两部分，一是站在对方的立场去了解当事人的感觉及世界；二是要把你所了解的内容表达出来，让对方知道你明白他的感受。

当你有同理心时，会设身处地想想客户的立场和感觉。当觉得对方无理取闹、要求太多、不肯让步或是不可沟通的时候，换个立场想想，假如你是他，是否会比他更激烈、要求更多。

如果能做到同理心，你就能理解对方的需要，所提出的条件就更能符合他的需求，也就能使他感受到你的诚意。同样，要求他人按照你的要求去做，若能做到同理心，以他的角度思考利害关系，则对方会感受到，你的建议将导向对他有利之处，而不觉得有压迫之感，当然就乐意去做了。

顾客的要求不一定是对的，但是他一定会有自己的偏好。你要去迎合他的偏好，这才是成功的服务。假如你觉得坚持自己才是对的，跟客人争输赢，即使你争赢了，最后输的还是自己。

小心对待分析型顾客，用热情感染表现型顾客

分析型顾客

分析型的人个性则较为严肃，一丝不苟，而且谨慎小心，做事情要按部就班，分析推理能力强是其特点。

IBM的前总裁郭士纳可以被归类为分析型的企业家，他曾说："要是大象会跳舞，那么蚂蚁最好离开舞池。"联发科董事长蔡明介亦属此类型，他最有名的论述为："今日山寨，明日主流。"

要销售产品或服务给分析型的人，就要着重思考推理，因此，你需要提出"一个切合实际的建议"，你必须对谈判内容有充分的准备，还要慢一点，花一点时间将所有资料数据都展现出来，让事情按计划完成。

和分析型的人沟通谈判最好要有计划，谨慎小心，做事情按

部就班。

表现型顾客

表现型的人个性率真、外向，具有强烈的感染力，说服能力强，喜欢有趣的事。

裕隆集团的严凯泰为此类型的代表，他曾说过："如果不能要求自己完美，又怎能要求别人完美？"

表现型的人喜欢与"有能力、富有想象力的业务人员"沟通。

有个业务员为了广告预算，和主管争执许久，但不管他怎么说，主管永远只有一句话："再把预算缩小一点。"

听到这句话，你有什么想法？你也许会在心中暗想："哼，除非降薪或把我炒鱿鱼，否则我是绝对不会再缩小预算的！"

相信这也会是多数人第一个内心反应。不过，这个业务员真的把预算缩小了——他用复印机把预算申请表缩到最小尺寸，然后再交给主管……

最后你猜怎么样？主管大笑一场后，居然批准了预算。

通过富有剧情张力的行为，表现型的人常常可以强有力地影响对方，使结果符合自己的要求。

分析型对手

- 严肃
- 一丝不苟
- 谨慎小心
- 按部就班
- 分析推理能力强

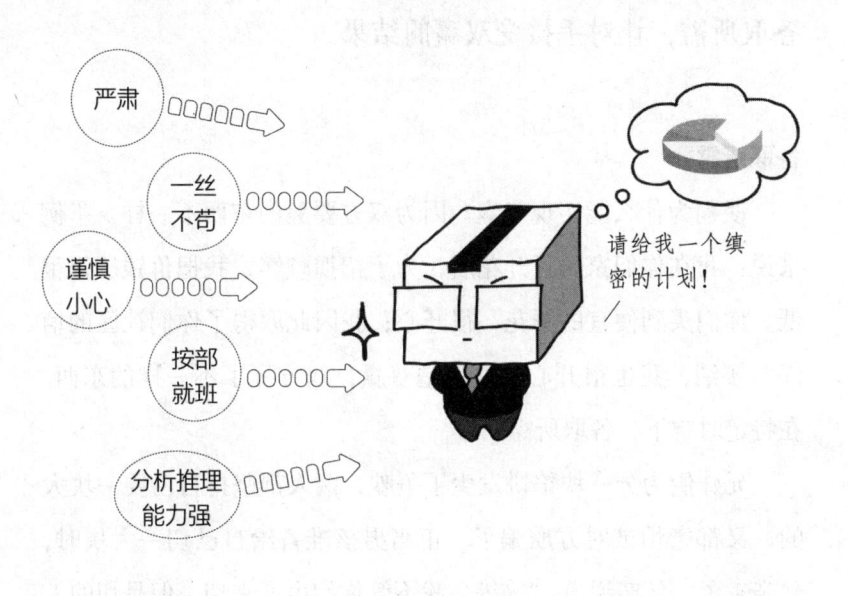

请给我一个缜密的计划!

表现型对手

- 率真
- 外向
- 具有感染力
- 说服能力强
- 喜欢有趣的事

我喜欢跟有能力、有想象力的业务员沟通!

各取所需，让对手接受双赢的结果

各取所需

谈判为什么能实现双赢？因为双方要赢的东西不一样。举例来说：我在你们家附近开花店，为了招揽顾客，我把价钱压得很低。你们买到便宜的鲜花，很开心；我因此取得了你们社区的信任与接纳，我也很开心。这就是双赢，双方赢了不一样的东西。在特定时空下，各取所需。

兄妹俩为分一块馅饼发生了争吵，两人都坚持自己要一块大的，又都害怕被对方欺骗了。正当男孩准备给自己切一大块时，父亲来了。父亲说道："等等，我不管你们由谁来切，但是切的人必须让对方先挑选。"当然，小男孩为了保护自己的利益，会把馅饼切成同样大小的两块。

这个故事说明了：在许多情况下，双方的利益不一定永远是对立的。如果把谈判的焦点由击败对方转向双方共同击败问题，那么最后双方就都能获得好处。这就是双赢的谈判！

让对手接受双赢的结果

当然，要达到双赢，不能光靠我们自己的修养，有时还必须用时间挫挫对方的锐气，让他放弃单赢的想法，接受双赢的结果。

另外，运用谈判战术，去改变对方心中的价值排名顺序也很重

谈判架构

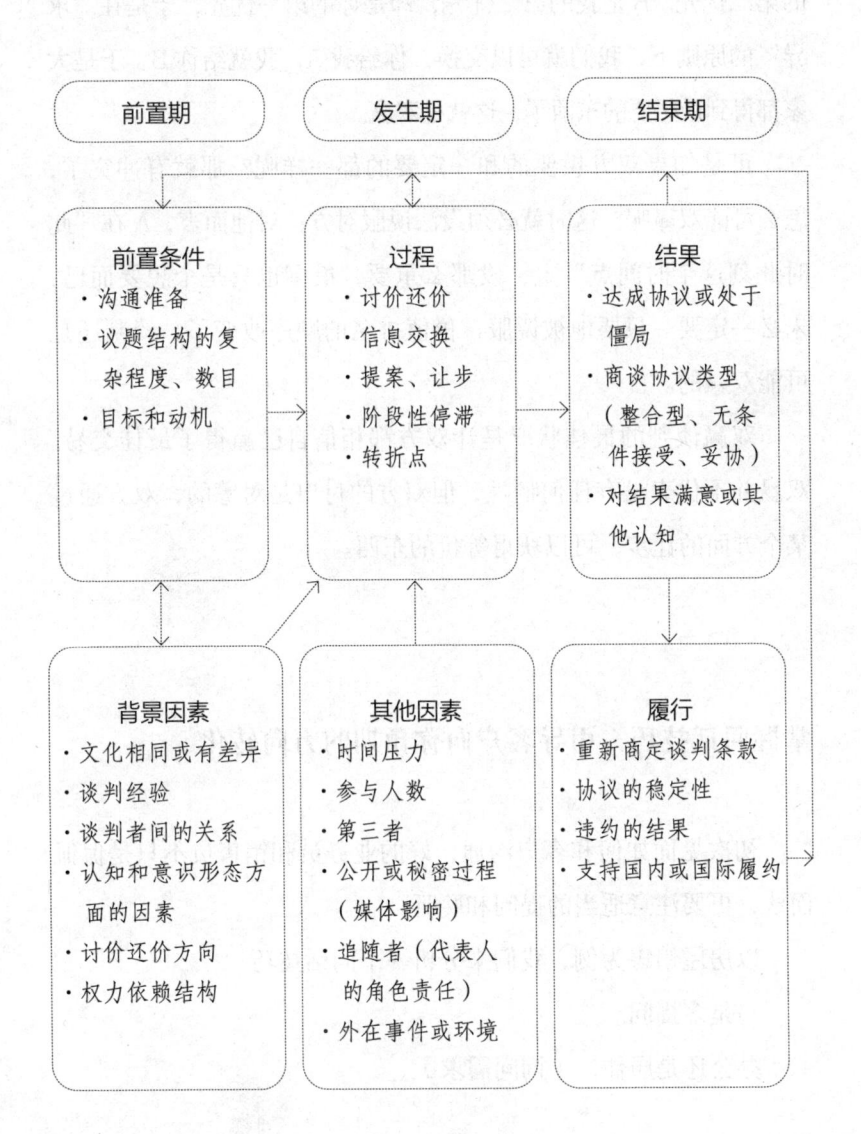

前置期 → **发生期** → **结果期**

前置条件
- 沟通准备
- 议题结构的复杂程度、数目
- 目标和动机

过程
- 讨价还价
- 信息交换
- 提案、让步
- 阶段性停滞
- 转折点

结果
- 达成协议或处于僵局
- 商谈协议类型（整合型、无条件接受、妥协）
- 对结果满意或其他认知

背景因素
- 文化相同或有差异
- 谈判经验
- 谈判者间的关系
- 认知和意识形态方面的因素
- 讨价还价方向
- 权力依赖结构

其他因素
- 时间压力
- 参与人数
- 第三者
- 公开或秘密过程（媒体影响）
- 追随者（代表人的角色责任）
- 外在事件或环境

履行
- 重新商定谈判条款
- 协议的稳定性
- 违约的结果
- 支持国内或国际履约

第四章 | 销售要从顾客角度出发，才能赢得顾客的心

要。比如我们在争两个东西 A 和 B。A 是我的第一优先，但只是你的第二优先。B 是我的第二优先，却是你的第一优先，于是在"求异"的原则下，我们就可以交换，你给我 A，我就给你 B。于是大家都得到最想要的东西了，这就是双赢。

可是如果双方想要的和一定要的都一样呢？那就有冲突了，怎么可能双赢呢？这时就必须设法说服对方：对他而言，A 在"此时此刻这个时间点"上，没那么重要，最多也只是个想要而已，未必一定要。只要他被说服，价值排名的顺序改变了，谈判还是可能双赢的。

双赢谈判的最佳状况是让双方都相信自己赢得了最佳交易。双赢并不代表没有任何牺牲，但双方的付出是对等的，双方通过某个方面的让步，可以获得等价的东西。

掌握问话技巧，引导客户向你预期的方向转化

初次见面如何和客户沟通，好的业务员和销售员不只是侃侃而谈，更要注意适当的提问和聆听。

以房屋销售为例，我们来分析一下问话技巧。

一是多提问。

办公还是居住？（询问需求）

问话的技巧

如果你是一个懂得寻找话题的人，需做好以下几点：

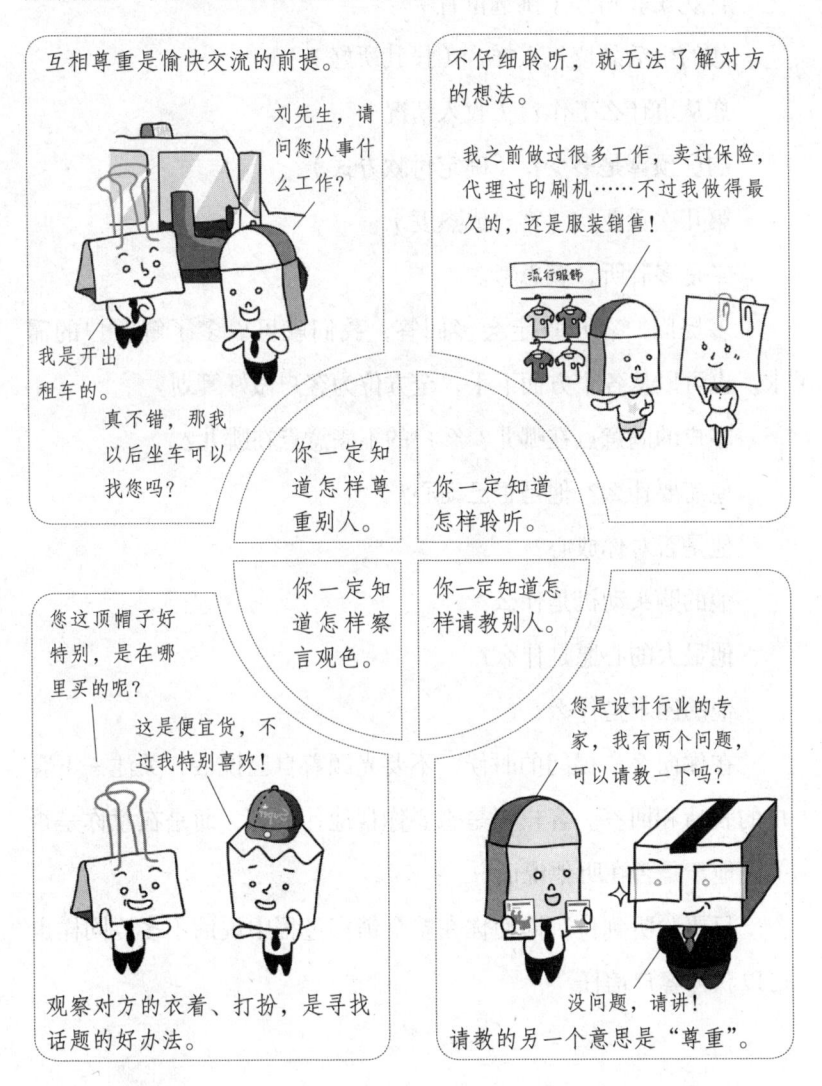

互相尊重是愉快交流的前提。

刘先生，请问您从事什么工作？

我是开出租车的。

真不错，那我以后坐车可以找您吗？

不仔细聆听，就无法了解对方的想法。

我之前做过很多工作，卖过保险，代理过印刷机……不过我做得最久的，还是服装销售！

你一定知道怎样尊重别人。

你一定知道怎样聆听。

你一定知道怎样察言观色。

你一定知道怎样请教别人。

您这顶帽子好特别，是在哪里买的呢？

这是便宜货，不过我特别喜欢！

观察对方的衣着、打扮，是寻找话题的好办法。

您是设计行业的专家，我有两个问题，可以请教一下吗？

没问题，请讲！

请教的另一个意思是"尊重"。

您要看多大面积的？（锁定户型类别）

家里有几口人？（挑选具体户型）

喜欢安静吗？（挑选位置）

您的生活品位怎么样？（投其所好）

您从事什么工作？（收入情况）

购房预算是多少？（确定付款方式）

第几次置业？（客户成熟度）

二是多聆听，多思考。

多提问，客户肯定会多回答，我们就可以多了解客户的需求。也可以从各个方面下手，全方位为客户做好筹划。

客户的满意点在哪儿？客户的不满意点在哪儿？

他需要什么？他是否已动心？

他是否对你放心？

他的购买动机是什么？

他最大的心愿是什么？

他的困难是什么？

在你向客户提问的时候，不要光顾着自己说话，关注一下客户的表情和回答。客户不是想要你帮他什么忙，而是在意你是否关注他，是否在听他说话。

只要聆听到位，即使你在整个销售过程中说话不多，同样也可以获得客户信任。

善于察言观色,好的销售员都是心理学家

前两年的春节,陈先生全家参加旅行团到意大利过年。有一天晚上,团员们到下榻旅馆对面的百货公司买特产。其中一个摊位是卖羊毛围巾的,另一个摊位是卖彩绘面具等纪念品的。

旅行团中的女士们问卖围巾的围巾多少钱,对方开价40美元,结果一砍价砍到20美元,女士们大悦,纷纷抢购。这时旁边卖彩绘面具的老板,眼睛滴溜溜地看着这群人。就算他不会讲中文,也猜得出她们在讲什么:"打对折!"

所以等到这群女士们买完围巾,再来买彩绘面具纪念品的时候,假如一个彩绘面具原本定价25美元,当这群女士们问他多少钱的时候,你认为这个意大利老板会说多少钱?至少50美元,对不对?为什么?因为他知道这群女士一定会砍到半价,所以就把价钱调高一倍。

这群女士们为什么会砍一半呢?因为她们学到了成功的经验。那意大利老板又为什么会涨价涨一倍呢?因为他也在学习"这群女士们是怎么砍价的"。

善用重复的成功战术

这在谈判上是很重要的概念:我们常会重复成功的战术。所以,如果你知道你的谈判对手过去用哪一种战术经常成功,那大

好的业务员须具备察言观色的能力

当对方难过时

想想当时的情况，我也是身不由己啊！

如果换作是我，可能会和他一样。

我非常理解！

当对方有困难时

我到底该不该去征求我们经理的意见啊！这问题困扰我好久了。

我觉得问一下，也没坏处。

当对方情绪激动时

你这样说，我一点也不接受！看样子你是没办法理解我了。

实在抱歉，可以给我一点时间好好梳理吗？

等一下再说吧，等他的情绪稳定下来。

当对方主动协助时

我帮你把文件打好了。

陈先生，我竟然让你帮我做这件事，真是失礼！我实在太感谢你了！

概也可以预测，这次他大概也会用同样的战术。

这里强调的不只是学习理论，也是对输赢的判断。当这群女士们喜滋滋地在彩绘面具摊位也砍价砍一半的时候，她们一定认为自己是赢的。意大利老板自己一定也在偷笑，因为他早已把价格调高一倍了，所以他也是赢的。

你如果问，这是双赢吗？答案是，双方皆大欢喜，这就是双赢。只要这群女士们觉得，买个彩绘面具回家当个装饰品也蛮好看，而且价钱没有超出自己的预期，也还能接受时，就可以了。

让对方先做出承诺

但要记住，在谈判的开始，要先摸清对方的底牌，让对方先给出承诺。谈判开始时不要做任何承诺。让对方先说出自己的条件。另外，无论你多么想达成协定，都要时时表现出无关紧要的样子。如果你对这单交易倾注了太多关注和热情，对方会利用你的热情，反而对你不利。

先做好人，然后才能做好事

商场上有一句话："天资好不如学问好，学问好不如做事好，做事好不如做人好。"可见，建立良好的人际关系非常重要。

小金和大华是公司的新员工，被安排在同一个部门，做同样的工作，工作能力和业绩也都不相上下，但在待人处事上他们却很不一样。

小金比较"直爽"，与人相处，常直接连名带姓地称呼对方。有一次，小金的上司陈经理正在会议室接待客人，小金突然出现在门口，大声喊："老陈，你的信件！"陈经理才刚35岁，竟被人喊老陈，又是当着客人的面，而且喊自己的还是部下，心里不免有点儿不高兴。

而大华就不同了。大华见到领导，一律很有礼貌地喊"陈经理""马主任"；若是职务与自己相当的，就喊"陈大姐""刘大哥"；就算对年长的工友，他也称人家"阿伯"，从来不会直呼其名。

小金只有上班时才来公司，下班就走人，与公司里的人没什么交往。大华就不同了，他下班以后，看到有人没走，就会留下来跟人家聊聊天，说说家常。人家有困难他也会尽力帮助。当然，他也经常向别人求助。

有一次大华来到陈经理的办公室，说有件大事要麻烦陈经理指教。原来他表妹要找工作，想请经理"指点一下什么工作比较适合"。陈经理听了，非常高兴，很认真地帮忙分析了近几年的就业趋势，然后慎重地提供了一些建议，过后大华表示这些建议非常实用。

后来，陈经理底下的一个副经理调到其他部门主持工作，公司决定采用"超级星光大道"的办法，公开选拔新的副经理。小金和大华的工作能力虽然相差不多，但结果大华以绝对的优势击

待人友善的五大关键词

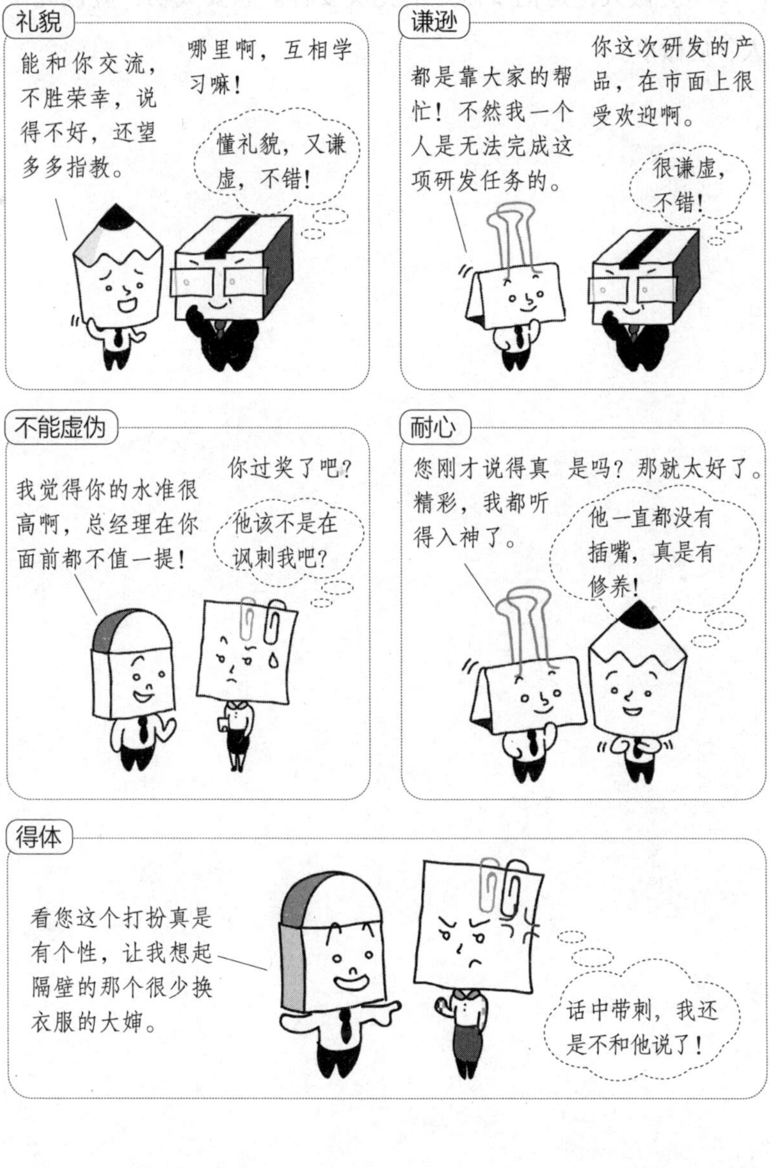

礼貌
能和你交流，不胜荣幸，说得不好，还望多多指教。
哪里啊，互相学习嘛！
懂礼貌，又谦虚，不错！
谦逊
你这次研发的产品，在市面上很受欢迎啊。
都是靠大家的帮忙！不然我一个人是无法完成这项研发任务的。
很谦虚，不错！
不能虚伪
我觉得你的水准很高啊，总经理在你面前都不值一提！
你过奖了吧？
他该不是在讽刺我吧？
耐心
您刚才说得真精彩，我都听得入神了。
是吗？那就太好了。
他一直都没有插嘴，真是有修养！
得体
看您这个打扮真是有个性，让我想起隔壁的那个很少换衣服的大婶。
话中带刺，我还是不和他说了！

败了小金,成为公司最年轻的副经理。

　　学会做人,是把事做好的先决要件。想要成功,应该先做人,后做事。

第五章 巧用各类销售工具，拉近产品与顾客的距离

你不可不知的电话、电子邮件谈判秘诀

电话销售有技巧

做电话销售,绝不是只使用电话在做推销。要学会充分利用各种销售媒介,结合电话与客户进行互动沟通,如广告传单、邮件、商品目录等。最重要的是,要学会变换不同的形式,不间断地传达信息,以保持与客户的联络。

在开始打电话之前,你要先想想这次沟通的目的是什么,并事先准备好题目和笔记本,随时记录你在沟通中获得的信息。以此来判断你每通电话的效果。不论你是打电话还是接听电话,都要有礼貌,如询问对方是否方便接听电话等,并全神贯注,倾听客户的每一个字。

提问的技巧

提问是电话销售成功的关键。最好事先设计一些问题,并且制定出一个问题的关联图,理解每一个问题与下一个问题之间的关联,并可以将问题扩展出去。但需要注意的是,问题与问题之间不能没有间隔,要有自然的过渡,不然就容易变成"审

电子邮件销售的优势

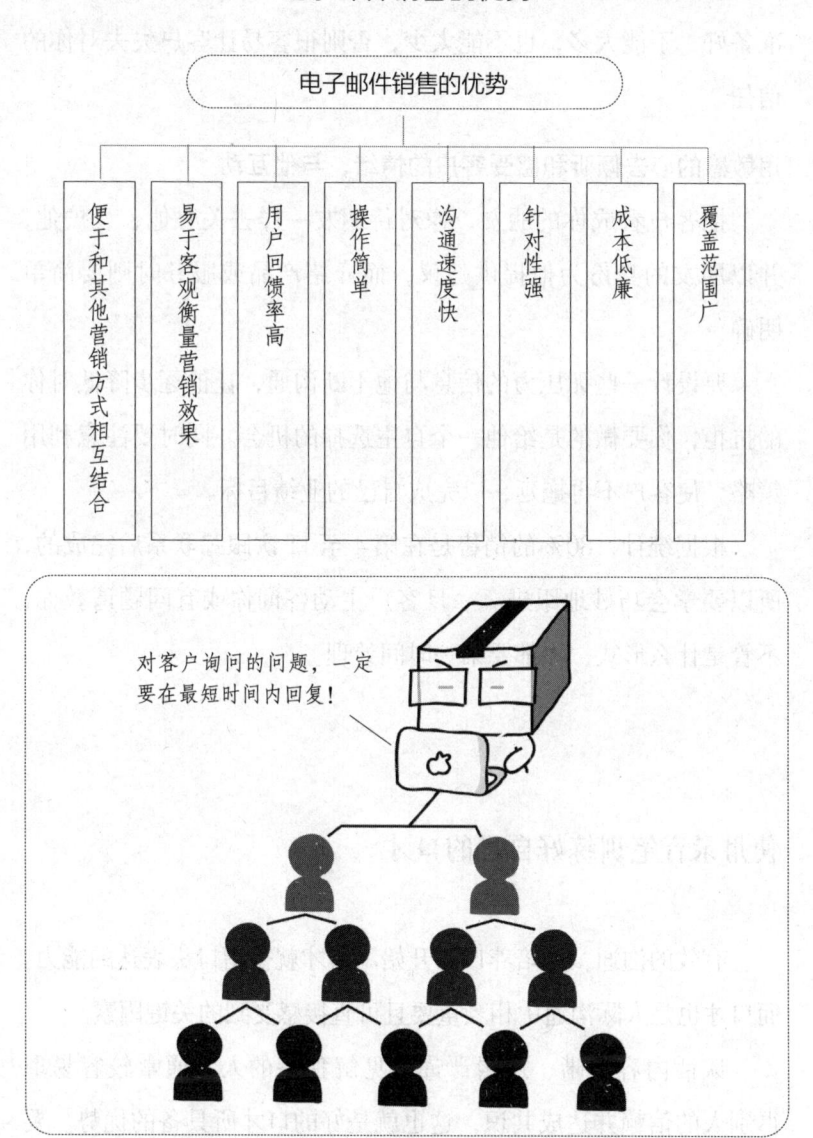

```
           电子邮件销售的优势
    ┌────┬────┬────┬────┬────┬────┬────┬────┐
  便于  易于  用户  操作  沟通  针对  成本  覆盖
  和其  客观  回馈  简单  速度  性强  低廉  范围
  他营  衡量  率高        快                 广
  销方  营销
  式相  效果
  互结
  合
```

对客户询问的问题，一定要在最短时间内回复！

第五章 | 巧用各类销售工具，拉近产品与顾客的距离

问"客户，给客户造成压力。另外，问题的数量和种类也要事先准备好，不能太多，也不能太少，否则很容易让客户失去对你的信任。

用敏感的心去倾听和感受客户的情绪，与他互动

把客户看成你的朋友，像对待朋友一样去关心他、爱护他，并以朋友的身份为他提供建议，而介绍产品或服务时则要简单明确。

要设计一些无压力的信息与他不断沟通，让他逐步降低对你的抗拒，你要做的是给他一个自主选择的机会。同时要注意利用策略，使客户不再拖延，以完成自己的业绩目标。

根据统计，80% 的销售是在第 4 至 11 次跟踪联系后完成的，所以要学会巧妙地跟进。一旦客户主动咨询你或有问题请教你，不管是什么形式，你都要第一时间处理。

使用录音笔训练好自己的口才

有效的沟通，从培养口才开始。口才就是指口头表达的能力。而口才也是人际沟通中相当重要且可直接感受到的关键因素。

谈话内容清晰、逻辑严谨、见解独特的人，通常较容易取得别人的信赖并达成共识，这也就是好的口才所具备的优势。要想在现今处处强调竞争优势的社会上立足,你不能不具备熟练的"嘴上功夫"。否则,别说是应付工作上的实际需要,就是连和家人的日常生活相处,恐怕也会出现摩擦。

良好而有效的沟通,要从单项表达的口才训练开始,若表达流利,内容丰富,使用语言准确,就有机会发展成为一个沟通专家。不是人人一开口都能侃侃而谈的,我们可以对着录音笔训练自己说话的能力。

提前熟悉问题内容

预先想好谈判时可能会被问到的问题,先列出来并想好答案,拿一支录音笔,以自问自答的方式将问题念一遍,再把答案说一遍。然后放出来听,复盘自己的回答是否有不通顺、不合情理的地方。

拟定答案的过程中,可到企业公开网站上先查询,搞清楚客户的公司性质与背景资料,若网络上没有相关资料可查询,可询问是否有从事相关行业的朋友。

练习角色扮演

如果自己和自己对话的过程已经很熟练了,那就表示你对问答内容的掌握度已经提高了,这样在面对客户时,如果遇到相关问题便能快速给出答案。

练习绕口令

从初级的"和尚端汤上塔,塔滑汤洒"到进阶的"抱着灰鸡上飞机",平常多练习,可以让我们吐字清晰、表达流畅。

反复聆听自己说话的声音

除了说话的内容之外,也要训练自己声音语调的快慢、节奏、大小等,要让自己的声音充满真情实感,让听到的人也可以感受到你声音所要传达的真诚。

善用统计报表,让自己的数据更具说服力

了解统计报表的作用

有统计的观念,才能够知道别人整理出来的资料、数据可不可靠,有没有可能在某一个环节中出了问题。当别人告诉我们数据所代表的意义时,到底该如何去判断这些资料的可信度呢?有些资料的结论与事实会有较大差距,看过即可,不需要照单全收,但可以提醒自己在做统计及资料推论时,尽量避免一些不必要的失误,使推论结果尽量完整和准确。

通常情况下,大量的信息刚开始的时候都是杂乱无章的,只有通过整理之后,才能清楚地呈现,从中获取我们需要的资料。

在经过细心缜密的整理之后,这些资料表达起来才会更流畅。另外,还需要依靠精简的摘要来强化重要的内容,使一堆杂

乱无章的资料整理得井然有序，且易于阅读。

将复杂的数据清楚呈现是一种艺术，可以用图表及经过整合的统计资料来描述。把资料整理成规范表格，或者是用一些添加对比效果的图来表示，会使人更容易了解你所传达的意思。

善用图表功能

若要用资料传达信息，画图往往是直接有效的方法。一张好的流程图可以把资料中的信息清楚显示出来，倘若把非数据资料整理成一张表，可能很难，甚至是不可能做到这一点。不仅如此，比起数据资料所转化成的表单，图片所制造出的整体视觉效果及记忆效果要强多了。

和表格一样，在图上也是要标示清楚所画的标识符号代表的是什么，还要标示资料来源，等等。还有一个重点就是要让资料醒目，因为要抓住看图者注意力的是资料本身，而不是标识、装饰符号等其他东西。

在做完整理资料之后，就要开始推论以及预估流程了。好的统计报表可以清楚呈现我们想要的信息，让我们在谈判时有准确的数据说服对方，成为我们谈判的武器。

常见的统计图

下面是一些基本的统计图表类型：

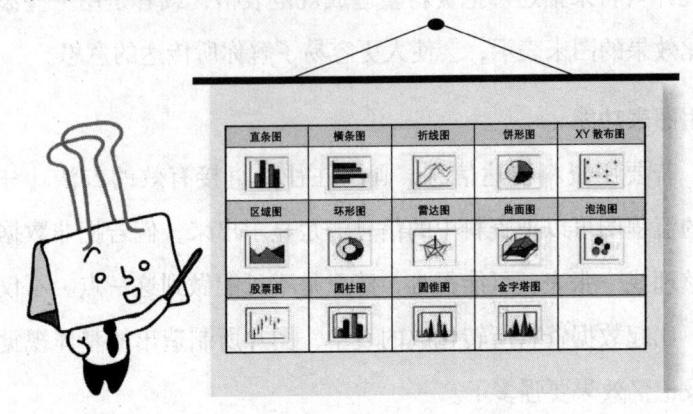

图表会说话，帮助我们迅速理解信息。

框架效应：关键不在于说什么，而在于怎么说

什么是框架效应

简单地说，框架效应就是逻辑上简单的说法却会导致产生不同的决策行为。

举例来说，许多人对下面这两句话的感受并不同。

说法一："福利彩票将抽出 2500 万元做公益。"

说法二："福利彩票向每个公益团体捐出 100 万元。"

结果，多数人相信福利彩票出资捐助公益事业的钱，前者要比后者多，尽管两者实际的出资并没有差别。

因此，你会发现，当某些机构想要显示花了大笔支出时（譬如研发经费），就会以总金额来呈现；但是当它想要低调展示一些出资时，就会以每人花多少钱的方式呈现。

这其实是两个完全相同的信息，却因陈述的方式不同，而造成人们偏好逆转或看法迥异的现象，我们称之为"框架效应"。

人际交往中的框架效应

这里有个故事，可以说明人际关系中的框架效应：从前，有个小气的人，不小心掉进了河里，一位好心人看见，就在岸边大喊："快把手给我，我把你拉上来！"但这个小气鬼却不肯伸出自己的手。好心人突然觉得自己说错了话，于是对着就快要沉入水里的小气鬼大喊："我把手给你，你快抓住我！"这时，小气鬼马上就伸出手，抓住了好心人。

—————— 心理学知识用于实战业务 ——————

请问下面的图片中，白色和黑色两个小正方形，哪个"看"起来比较大？

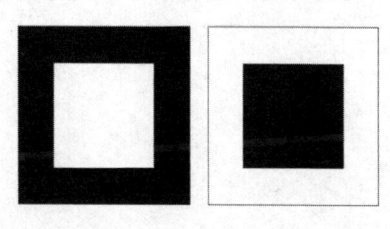

关键在于怎么说

在心理咨询中,时常会碰到人际关系困惑的求助者,有些就是由于表述不恰当所造成的。"框架效应"告诉我们:在人际沟通中,关键不在于说什么,而在于怎么说。业务谈判过程也一样,要随时注意所说的话是否适当,懂得营造框架效应的人,往往能创造出逆袭成功的谈判奇迹。

巧妙的"空",并不是无

古时候有个在外经商的人,十分怀念家乡的妻子,妻子也非常怀念他,两个人便不断写信遥寄相思。有一次丈夫实在无暇写信,便急中生智,把一张白纸当作信笺寄了回来,因为他知道,妻子极富想象力,而这种想象力肯定会助自己一臂之力的。

果然,妻子见到这张白纸后不仅不生气、不发火,反而感动得热泪盈眶,并立即写诗回赠,诗曰:"碧纱窗下启君封,尺纸从头彻尾空。想是郎君怀别恨,相思尽在不言中。"丈夫见到了这首小诗,也立即感动得掉下眼泪。

请注意,白纸上空空如也,这是事实,只因妻子把它理解成一封承载着无限爱意的信,并沿着一个极富感情的思路联想下去,这才"断定"丈夫对她的思念格外的刻骨铭心。

别急着表现自己，先给别人机会表现

了解对方的兴趣

谈话时最重要的一个内容，就是竭尽所能去了解对方的兴趣和爱好，如果他喜欢咖啡就聊咖啡，喜欢电影就聊电影。只有了解对方的兴趣，你才可能给他展示自我的机会。如果不清楚对方对什么感兴趣就随便提问，那可能就会弄巧成拙。

> 你知道最近刘德华又演了一部新片吗？
>
> 呵呵，好像听说了……是哪一部啊？

多提问题

提问是寻找话题的手段。在了解对方兴趣的前提下，可以找一些与此相关的问题，让对方有机会说出自己的看法和观点。当然，提问也要掌握技巧，审时度势，不能像"连珠炮"一样问一大串问题，让对方摸不着头绪。

> 看来你是个欣赏艺术品的行家哦！这个瓷器是什么年代的啊？为什么上面的花纹那么独特呢？
>
> ……我到底要先回答哪个问题啊？

适时赞扬和鼓励

听对方讲自己感兴趣的话题,除了要仔细聆听之外,还应该在对方讲完时表示一些回应,这样对方才会有被重视的感觉,才会有继续和你交流的欲望。另外,赞美和鼓励一定要契合话题,不能"牛头不对马嘴"。

……这就是我当年的故事!

他有没有听我讲话啊!

好!太好了!你这个手表从哪里买的?很好看。

第六章
开口就要当赢家，像行业专家一样对顾客说话

跟顾客谈判之前,一定要做好事前准备

要做好事先的准备工作

在沟通过程中当对方提出问题时,如果能马上提供答案,谈判自然就会顺利多了。如果在谈判中,对方不太愿意和你达成协议时,你能适时拿出竞争对手的产品目录或价格表,向客户指出它们和自己的产品有何不同,并告诉他们与竞争对手相比,你提供的价格和收益与他们相当甚至优于他们,这些书面资料会产生强烈持久的视觉冲击,也会提升谈判成功的概率,让对方相信你是做好准备而来的。

学会当机立断

在信息不断更新的状况下,我们渐渐习惯了"舍弃"。只要觉得电视节目不好看,不到一分钟我们就"舍弃换台"。评论一个人,速度也很快,我们往往当场就会决定这个人是"实在或精明""有用或没用""迷人或恼人""诚恳或随便"。

所以,在开口前一定要做好准备,要对对方的情况做充分的调查了解。

开口前,必须充分地调查了解

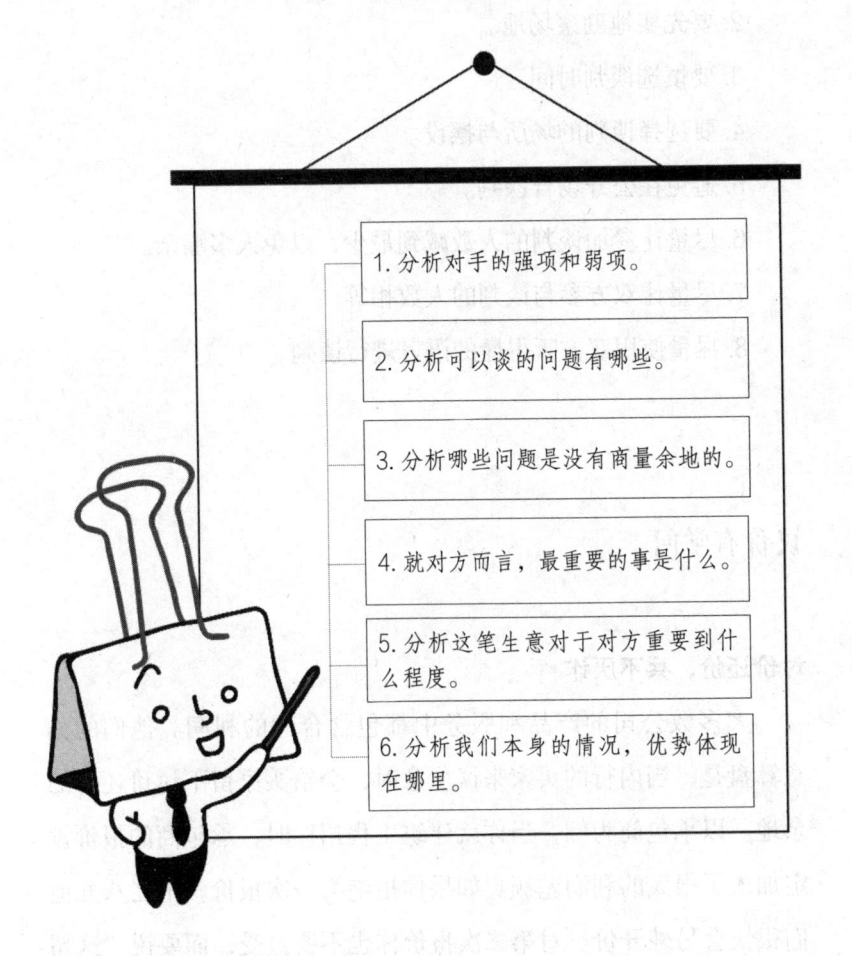

1. 分析对手的强项和弱项。

2. 分析可以谈的问题有哪些。

3. 分析哪些问题是没有商量余地的。

4. 就对方而言,最重要的事是什么。

5. 分析这笔生意对于对方重要到什么程度。

6. 分析我们本身的情况,优势体现在哪里。

列出一份问题清单，将问题事先想好，否则谈判的效果会大打折扣。

1. 要认真搜集完整的相关资料。
2. 要先实地勘察场地。
3. 要慎选谈判时间。
4. 要选择谈判的场所与摆设。
5. 避免在公开场合谈判。
6. 尽量让参加谈判的人数减到最少，以免人多嘴杂。
7. 尽量让双方参与谈判的人数相等。
8. 尽量使用双方听得懂的语言进行谈判。

议价有学问

讨价还价，兵不厌诈

大多数公司的产品和服务中都包含合理的利润。他们的如意算盘是，当内行的买家来谈生意时，会给买家留下讨价还价的余地。以承包商为例，当你就建筑工程招标时，承包商的报价肯定加入了很大的利润差额。如果你拒绝第一次报价，十之八九他们很快会另外开价。对第二次报价你也不要接受，而要说"这超出了我们的预算"或"以这个价位，我们不得不再组织招标了"，这样试探他们，看他们会不会另外开价。

"最小厘米"策略

处理价格问题时，用字用词要有策略，以造成花费少得到多的感觉。就像这句广告语："每天花费不到一杯咖啡的钱，你就可享受本产品的诸多好处。"

折中价策略

用不同的价格区间让对方选择折中价，此时，你应提出比预期更高的要求。比如买车时的议价谈判，经销商开价14万元，你想用12万元买下。使用折中策略，你开价10万元。在这个价位，对方是不会同意的。他们可能会说："我们下调到13.5万元。"这时，你可以说："何不取个折中价？"大多数情况下，对方是会同意的，成交价即两个不同价格间的折中价。

让步幅度要不停变动，向对方做任何让步的时候，都要确保每次价值变动的金额不一样，也就是说，永远不要让让步幅度一致。议价时，每一次让步的金额幅度都要改变。如果你一直不变地以200元或1000元做出让步，对方会注意到这点，指望你每次议价时都让步200元或1000元。你可以一次减少100元，下一次则是150元。

借助"有意签约"的技巧

等到谈判的后期，可表现出自己有意做成这笔买卖，但要求对方至少再做一次让步。例如：决定买车后，等到签订协定

议价的学问

以最常见的手机为例,往往刚推出来的新款手机动辄上万元,但是不到半年价格就下跌了很多。随着后面陆陆续续更新的手机推出,该款手机价格还会再跌。这就不禁让人好奇,这部手机的成本到底是多少?

所以价格谈判是一门学问,不可草率行事,慢慢议价才可以谈出更有利于自己的价格。

> 这个手机才买了一年,现在价格就便宜了一两千元,早知道就晚点买了!

前那一刻,再提出额外的一些要求。你会惊讶地发现,可能会享受到不少优惠或服务方面的降价。所以开一张清单,写下你想要加到协议中的"有意签约清单"。在签订协议前那一刻,仔细检查清单然后提出要求。注意,不要要求对方让步太多,以免错过这笔生意。

拐个弯儿说话，避免正面拒绝

军事上有句话说："战略上出现错误，战术上很难扭转；战术上出现错误，战斗则很难取胜。"这个道理用在谈判上也一样：目标错误，就难以制定策略；策略错误，就难以制敌取胜。最后，当然就会离目标越来越远。

谈判中应该避免正面拒绝，以免开启对方的防御机制，这时可以考虑应用"框架效应"和"以退为进"以达到你的目的。

框架效应

庄子《齐物论》里有一个故事，有一个人养了一群猴子，他每天喂栗子给猴子吃，当他告诉猴子们早上可以吃三个、晚上可以吃四个时，猴子们都很生气；当他跟猴子们说早上可以吃四个栗子、晚上可以吃三个栗子，猴子们都很快乐了。

所以，跟人进行谈判时，如果能换个方式来说明这个目的的固定参考点，也就是把你的目的换个方式表达，将会更容易达成你要的结果！

以退为进

例如：销售大型设备过程中，对方提出一个不合理的完工时限，然后开始拼命解说流程步骤，我们就可以跟他说："这样，我回去再商量商量。"然后过些时日再告诉对方："我们的工程师愿

如何避免正面拒绝

不要急于发表意见

当你想针对一个问题发表意见时，千万不要脱口而出，前提是必须让对方先说完，否则争论最后有可能演变为吵架。

冷静思考

请记住"覆水难收"这句话。有的话说出去就不可能收回。所以在开口前，一定要仔细想一想该不该说，有没有可能伤害到对方。

退一步海阔天空

妥协并非丢脸的事，如果你总想着什么都要赢，那么结果往往事与愿违；如果你不想事后才后悔，那么就告诉自己"退一步海阔天空"。

控制情绪

情绪并非不可以控制，而是有时候一冲动就很难控制。当你想要发脾气的时候，不妨深呼吸，然后转移一下注意力，也许就会避免一场口角的发生了。

意配合，但是工程师说必须请您自付运费和安装费。"也就是先提出刁难对方的问题，再假装好心地替对方着想解决问题，但是其实得到好处的是我们。对方的业务员会以为我们真的替他解决了难题，而转头回去替我们跟自家公司争取更优惠的条件。

其实谈判都是互换条件，以退为进，或者说吃亏就是占便宜，都是为了长远的利益在打算，谈判时要认清双方关心的焦点是什么，拿一个他们不关心的条件换他们关心的条件，像优惠价格换现金预付款、降价换数量、用保修年限换高售价等，"交换"才是谈判的本质。

"以退为进"只不过是牺牲眼前的利益去换取长远的未来，做一些退让，但实际上是跟对方要求某些好处。

掌握"最后一句话"的主导权

当谈判进行到收尾阶段，最后一句结尾的话可以陈述结果，也可以拿到下一场谈判的主导权。掌握"最后一句话"的主导权，对谈判结果有相当大的影响力。

谈判是通过沟通协调以达到共同目标的攻守过程。尤其是漂亮的收尾，更要让双方都觉得自己赢了，且都觉得对方会遵守承诺，并为未来的谈判铺平道路。当你掌握"最后一句话"的主导权，进入谈判收尾时，要把握在不损害双方利益的前提之下，提出有利于彼此的条件，以利人利己的结果收场。

谈判收尾的五大法则如下：

将对方视为可敬的对手

不要把对方当成傻瓜，也不要在收尾时处处炫耀自己的精明。要将对方视为可敬的对手，不可妄想全赢独吞，应与对手分享成果。不论销售谈判是否成功，都需保持应有的风度与高度，给对方留下好印象。

搜集最新信息

市场瞬息万变，对方的企业经营状况也会随时变化。若在收尾阶段得知对方资金短缺或库存过多，可以尝试争取更好的条件。

评估一切可行性

根据竞争态势评估签约时的底线，如可接受的最低价与付款条件等，并分析破局后的止损点与对策。

准备各种腹案

腹案是决定我方该不该收尾的关键因素。收尾时，不仅要明确我方的底线，也要带着不同版本的腹案。腹案可以成为我方决定是否接受对方条件的依据。

决定最后期限

谈判不能遥遥无期，时间拖得越久成本越高，而且变数也会增多。最好能定下一个双方可接受的期限。无法达成共识时,若一方采取无限期拖延的战术,另一方需要当机立断提出期限,让谈判有个结果。

运用"差价均分"策略,让顾客觉得有实惠

对于自己所购买的产品,多数消费者经常弄不清楚什么样的价格才是划算的。消费者购买产品时,真的不在意价格的高低吗?事实并非如此。消费者也许对于实际的售价不是很清楚,也不会真正去计算什么样的价格才是划算的。消费者对于价格的认知多半是心理上的相对感受,而非绝对的数字。因此,掌握消费者的购买心理,便成了关键。

善用差价均分策略

差价均分策略就是大家各自评估目标金额,各退一步达到双方满意的价格。以商业谈判来说,就是如何使自己的局势比人强,得到自己所想要的东西。

例如:对店家与顾客来说,总会碰到有人喜欢砍价,而店家想要的是把物品以较高价卖出,以得到较高的利润;但是以顾客来说,则是希望以最低的价格买到最好的物品。这时,双方就要各退一步,取一个适当价格。

议价时常见的三种状态

议价到最后可能碰到的三种状态

意见分歧
对某一特定价格,你完全不能同意对方的看法。

意见妥协
对某一特定价格,你不完全同意对方的看法,但仍可接受再退一步。

意见一致
对某一特定价格,双方都满意并最终签约。

差价均分的含义

买方理想价格 →

讨论出双方都可以接受的价格,价差由双方负担。

← 卖方理想价格

掌握消费者的消费心理

事实上这个过程就是一种谈判的技巧。

再举一个例子：先将衣服标价牌上的定价1000元画掉，改在下面写599元，让客人有捡漏的感觉。实际上打折促销是商家的常用方法，商家赚到利润，客人觉得便宜，大家都皆大欢喜。

差价均分的步骤，则是先由对方出口喊价，我们再根据数量商谈目标金额，经讨价还价后才以"无奈"的语气答应对方。

必要时，我们还可以向对方施压。向对方施压获得主动权，让他从你的角度来看问题。如果对方的开价或议价让你觉得不可接受，那就直接告诉他：如果不让步，谈判就此结束。你可以告诉对方他们的开价完全不可行，从而提出更多的要求。不要放过每项能够为你带来好处的协议。

该说"不"，就别客气

谈判无疑是一连串说服的过程，也就是和对方的期望值进行博弈。大多数的商业谈判，要适当地使用"不"或拒绝，才能百战百胜。只有勇于说"不"，才不会将自己逼上绝路；让对方有说"不"的机会，才能探知对方的底线，所以不仅不要害怕说"不"，还要勇于说"不"。

文艺复兴时期，一个画家能否出人头地，取决于他是否能够找到好的赞助者。米开朗琪罗的赞助人是教皇朱里十二世，有一次在修建一个石碑时，他们两人讨论了好几次，都因意见不合而不欢而散。闹了好长一段时间，米开朗琪罗渐渐没有了耐心，觉得这样争执下去一点儿效率也没有，一定要想个办法解决。

勇于说"不"才能探出对手底线

隔天，例行的讨论一样没有结果，他叹口气告诉教皇："既然我们始终无法达成共识，我想你还是另请高明吧，我决定明天就离开罗马！"在旁的人听了都忍不住捏一把冷汗，心想这下教皇一定饶不了他。谁知道，教皇听了以后居然一脸错愕、气焰全消，而且马上声音缓和地承诺，以后一切都会按照米开朗琪罗的意思决定，只求他留下来。

原来，米开朗琪罗很清楚，自己一定能够找到另一个赞助者，而教皇却永远找不到另一个米开朗琪罗。他在这场谈判中，正是彻底掌握了教皇"找不到另一名艺术大师"的弱点，冒险进行博弈，成功达到自己的目的。

不一定要讨好对方

谈判时最重要的是让对方知道你希望达成这笔交易，但交易的对象不一定是他。谈判不是打仗，没有必要你死我活。谈判也与道德无关，谈判对象不一定要喜欢你，而你也没必要为了讨对方欢心，而不敢拒绝或承诺了不该承诺的事。人们之所以坐上谈

根据"说不的哲学"明确谈判协商态度

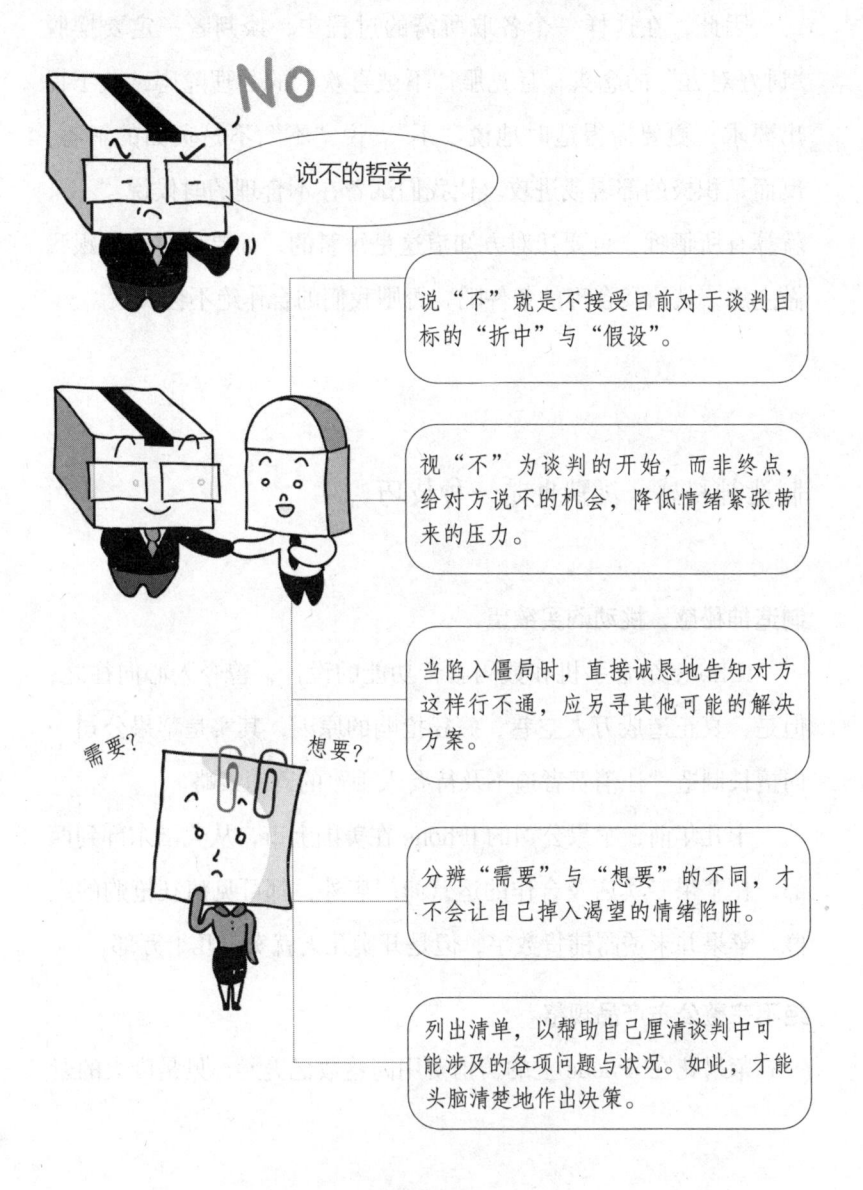

说不的哲学

说"不"就是不接受目前对于谈判目标的"折中"与"假设"。

视"不"为谈判的开始,而非终点,给对方说不的机会,降低情绪紧张带来的压力。

当陷入僵局时,直接诚恳地告知对方这样行不通,应另寻其他可能的解决方案。

分辨"需要"与"想要"的不同,才不会让自己掉入渴望的情绪陷阱。

列出清单,以帮助自己厘清谈判中可能涉及的各项问题与状况。如此,才能头脑清楚地作出决策。

第六章 | 开口就要当赢家,像行业专家一样对顾客说话

判桌，都是因为各自有所坚持和期望。

因此，在这样一个各取所需的过程中，谈判者一定要摆脱"讨好对方"的念头，且克服"不被喜欢"的心理障碍，敢于提出要求，更要懂得适时地说"不"。说"不"不是负面的解答，反而是积极的部署或进攻。让我们试着在不合理的时候说"不"，就算有所牺牲，也要让对方知道这是短暂的，如果你要继续跟我做生意，就给我合理的条件吧，否则我们的合作绝不会长久。

制造神秘感，沉默也是一种技巧

制造神秘感，挑动购买欲望

iPhone结合手机和数码影音功能的设计，曾令人心向往之；但是，真正造成万人空巷、疯狂抢购的原因，其实是苹果公司一向擅长制造"让消费者迫不及待要入手"的营销策略。

十几年前，苹果公司的iPhone在美国上市，从美国东部到西部，在苹果专卖店及合作的运营商门店外，都可见疯狂抢购的人群。苹果并未透露铺货数字，但是开卖几天就卖出几十万部。

绝不完整公布产品规格

苹果花在iPhone上的营销费用高达数亿美元，只是庞大的营销预算并非苹果制胜的主要原因，iPhone 成功打响第一炮，主要还是在于苹果擅长制造产品的神秘感，以及创造话题的手法，让消费者迫不及待要早点入手。

苹果的营销策略，是每隔一段时间就公布 iPhone 的信息，使消费者维持新鲜感。当初乔布斯先是在当年 1 月的旧金山麦金塔博览会上介绍这一款产品，随即抢走了摩托罗拉在拉斯维加斯消费电子展（CES）上的风头。

苹果随后在网络上大量投放"Hello"广告短片，剪辑 30 多部电影的片段，如玛丽莲·梦露、劳勃·狄尼诺等大牌明星拿着电话说"Hello"的画面，结尾处秀出 iPhone"6 月将面世"的文字。

甚至在当年奥斯卡颁奖典礼上，苹果在电视上播出第一支电视广告，只有简单一句"Hello"的广告词。另外，苹果电脑在正式上市前，并没有公布完整的产品规格，不仅一般消费者们无法得知这些信息，就连生产 iPhone 配套产品的合作厂商，也都没有办法取得产品规格的细节。

乔布斯大可在产品上市之前，先公布产品规格，然后让专业评论者和玩家从技术层面去评判 iPhone 有什么问题。但他选择先保持神秘，造成媒体和苹果粉丝都引颈企盼的热潮，再让那些有幸能先睹为快的媒体记者和苹果粉丝们以能够受控制的方式散播出相关信息。等到详细的产品规格公布后，消费者对它的热情已沸腾，不可自抑，而苹果公司也将轻松坐享其成。

沉默也是一种技巧

什么都不回应的话，对方会自乱阵脚，轻易做出让步。
保持沉默而获胜的交涉方法：

若对方一直保持沉默，该怎么做？

- 为了打破沉默，必须连续地提出问题，并尽可能地等待对方回答。
- 如果对方开始沉默，你需要保持自己的立场。
- 可以将沉默解释为"同意"，并试着往好的方向发展。
- 一定要借助询问让对方的立场更明确，以便交涉顺利进行。

……（保持沉默）

如果价格是5万的话，你觉得怎样？

都不说话，是觉得价格太高吗？真让人不安啊！需要我把价格压低点吗？

如果完全不开口，对方会感到不安，最后则可能做出让步。

找出关键人物，做最后拍板

商业谈判中，必须找"对的人"谈，同时注意我们接触的对象，客户的头衔通常约等于其权限的大小。因此，可以从企业规模来判断对方派出的人员是否恰当，尽量跟具有实际决策权限的人谈，甚至可以应用一些技巧，例如善意的刁难，逼迫对方派出更高级别的人员，至于判断方式，只要多问一些关键性问题，就可知道答案。

为了避免对方胡乱承诺、信口开河，同一件事可由正面、反面提问来确认。避免与不适当的人员进行谈判，除了因为对方可能无权决策外，也可避免我方底牌过早泄漏，或是对方内部转达出现错误。

小题大做：制造僵局，逼对手上谈判桌

正常情况下，当双方权力差距并不悬殊时，才有谈判的机会。然而权力较小的一方必须想办法"变强"，先在短期内"制造"一个无法容忍的僵局，形成谈判时机，以便将另一方逼上谈判桌。变强的方法，就是"小题大做"，招式有三：

一、放大议题。常见的做法为"挂钩"增加筹码，"结盟"壮大声势。把数量增加（买得多就容易讲价），或把项目增加（把其他议题一并捆绑进来当筹码）。挂钩战术

如何找到对的人

电话销售时找到关键人物的方式

- 简单介绍自己，告诉他你来电的目的，以及你想要完成的事。

- 遇到决策者时，要说明与同业的差异性，而且内容须简洁，并使人印象深刻。

- 成功引起对方的兴趣，并确认对方的购买力之后，下一步就是邀请对方见面交谈。

- 若发觉对方缺乏兴趣，或是你无法完美地回答他的问题，请对方同意在某个约定的时刻再次致电拜访他。

- 若对方不愿意与你见面交谈，经过评估确定对方是准客户，以发送相关资料为理由跟对方要电子邮箱。持续以不占用对方时间的方式跟进沟通。

- 举办说明会，请对方来深入了解。

又可分为"反向运用"（你不给我，我就不给你）和"正向运用"（你给我，我也会给你）两种。

二、增加人数。常见的方法就是结盟。如同三国鼎立时反复分合，若能在结盟对决中扮演决定性少数，那么"弱即是强"，同样可能达成谈判目标。成功结盟的关键在于隐秘，一旦破局往往就会失败，因此，能"控制信息"的一方较为有利。

三、转变情势的做法。一是"引爆冲突"，二是"制造既成事实"。例如把事情闹大，或者切断沟通渠道。面对弱势一方各种小题大做的方法，强势一方其实一样可以运用小题大做的手段，再让己方更加强势（唯一不适用的就是"引爆冲突"）。除此之外，还可以采取"申请仲裁"或"断然拒绝"两种反制方式，再次拉开与弱势一方的差距。

投石问路，逐渐消除对手的戒备心理

谈判开始时，虽然双方人员表面上彬彬有礼，内心却对对方存有戒备心理，如果这个时候直接步入主题，进行实质性谈话，就会提高对手的警觉心理。

谈判开始的话题最好是松弛的、非业务性的，要善于运用环顾左右、迂回入题的策略，给对方足够的心理准备时间，为谈判成功奠定一个良好的基础。

环顾左右、迂回入题的做法很多，下面介绍几种常用且有效的入题方法。

从题外话切入

谈判开始之前，你可以谈谈关于天气的话题："今天的天气不错。""今年的气候有些反常，都三四月份了，天气还这么冷。"也可以谈旅游、娱乐活动、衣食住行等，总之，题外话内容丰富，可以信手拈来，不费力气。你可以根据谈判时间和地点，以及双方谈判人员的具体情况，脱口而出，亲切自然，刻意修饰反而会给人一种不自然的感觉。

从"自谦"入题

如对方为客，来到我方所在地谈判，应该向客人谦虚地表示各方面"照顾不周，没有尽好地主之谊，请谅解"等；也可以向主人介绍一下自己的经历，表明自己缺乏谈判经验，希望各位多多指教，希望通过这次交流建立友谊等。简单的几句话可以让对方有亲切的感觉，心理戒备也会逐渐消除。

从介绍我方人员情况入题

在谈判前，简要介绍一下我方人员的经历、学历、年龄和成果等，让对方有个大概的了解，既可以缓解紧张气氛，又可以不露锋芒地显示我方的实力，使对方不敢轻举妄动，暗中给对方施加心理压力。

从介绍公司的基本情况入题

谈判开始前，先简略介绍一下公司的生产、经营、财务等基本情况，提供给对方一些必要的资料，以显示我方的雄厚实力和良好信誉，坚定对方与你合作的信念。

投石问路巧试探

投石问路是谈判中一种常用的策略。作为买家，由此可以得到之前卖家很少主动提供的资料，分析商品的成本、价格等情况，以便做出自己的抉择。

谈判过程中要巧妙地试探对方，可以借助提问的方式，来摸索、了解对方的意图及某些实际情况。

如当你希望对方给出结论时，可以这样提问：

"您想订多少货？"

"您对这种样式感到满意吗？"

……

总之，每一个提问都是一颗探路的石子。你可以通过询问产品质量、购买数量、付款方式、交货时间等信息来了解对方的虚实。面对这种连珠炮式的提问，许多卖方不但难以主动出击，而且宁愿适当降低价格，也不愿疲于回答询问。因此，在谈判中，恰到好处地运用"投石问路"的方法，你就会为自己一方争取到更大的利益。

想要在谈判中尽快降低对方的警觉性，谈判之前就要做好充分的准备。你最好先了解和判断对方的权限及背景，然后把各种条件及自己准备切入的问题重点简短地写在纸上，在谈判时随时参考，提醒自己。

消除怀疑，促成交易

对于一次谈判来说，如果在客户面前，产品被熟知和信赖，无须经过任何介绍，直接开始销售，是相当不错的开始。但绝大多数人，需要在对方并不了解，甚至持怀疑的心态时开始谈判。要增加谈判成功的砝码，你还需要尽可能多地了解对面的谈判者。

反复突出商品的功能和价格合理性

在谈判的时候，如果对方陷入沉默的境地，开始只是倾听，很少回应，则说明他们陷入了思考，很可能还没有做出最后的决定。此时，我们应当从对方的角度出发，态度温和地说服客户考虑商品的功能和实惠的价格。因为任何人在购买东西时，都希望从两方面得到满足：一方面是理性上的，即认为产品的确物有所值，性价比高；另一方面是感性上的，即顾客感到自己受到重视，推销员态度真诚，能以诚动人。

破解顾客举棋不定的反应

如果客户出现下列表情，则他们可能正举棋不定，或者并没有明确要达成协议的意愿。

客户不停地摆弄头发，调整身体的姿势，或者将眼镜从脸上拿下来不停地擦拭。他们这些类似于暂停沟通的动作，就是给自己提供思考的机会，就像在说"我需要认真考虑一下"。

客户呈现出一副沉思、专注的样子，用一只手托着下巴，同时轻轻抚摸脸颊，肩膀下垂，这是在思考的表现。

客户两眼呆滞，没有其他动作，或者眼睛望着某处一动不动，并且眉毛上皱，说话吞吞吐吐，犹豫不决的心态就是如此表现。

如果客户提出了一些简单的问题，但在你介绍的时候，并没有认真听，而是迎合地发出"嗯""啊"的声音，你就不能因他的互动而高兴太早，他很可能是在敷衍你。当让你提供出一些材料的时候，他或许还没有对此产品进行考虑，因为很多推销人员的话语都有水分，他很可能是想进一步了解再定。

如果客户仔细观察了很久商品，但是左看右看，眉毛总是皱着，说明顾客还很挑剔，对这件产品还是有些不满。

破解客户的懈怠反应

如果在谈判的时候，顾客开始交叉双臂，把自己封闭起来，这说明他们有拒绝交易的倾向,此时不妨递给他们一份文件或材料,让他们自己打开,重新进入对商品的评估状态。你也可以选择转移话题,从这个购买的信息上转开,休息闲聊之后,再重新引导他们进入交易上来。

如果客户紧闭嘴唇,频繁地触摸鼻子和眼睛,这说明可能是你说了什么话或者做了什么事情,让他们感到不舒服,这就需要你更换一种销售方法,比如鼓励他们说出想要的产品的特征、内心对这个产品的感觉,并积极给予肯定。

另外,在气氛尴尬的时候,还可以使用一些小技巧来改善双方的沉闷气氛。例如制造一些小插曲:笔掉到地上、包掉到地上,将双方的谈话暂时中断,从而转移客户的厌倦或紧张情绪。

第七章 善用"谈判压力",让顾客顺利成交

用服务感动顾客,让享受成为消费重点

体验,也是一种享受

无论我们将产品和服务销售给个人还是团体,顾客都需要体验。体验给他们带来了趣味、知识、转变和美感,也正是对这些永恒特性的更多渴求带动了体验营销,促进了体验经济的进一步发展。就像露华浓化妆品的总裁曾经说过:"我们卖的不是口红,而是希望。"

感动,创造购买力

服务是一种态度,需要热情;服务是一种感觉,需要真情。有感动才能创造巨大的购买力。企业真正应该经营的也不再只是产品本身,而是去为客户创造一种更加幸福的生活方式。也就是说,企业真正销售的并不是物质,而是温馨的氛围;企业真正提供的并不是服务,而是情感体验。买方购买的并不只是你的产品或服务,而是买了你的产品或服务之后所能得到的利益。这些利益可能是具体的、无形的、针对特定对象的,也可能是普遍适用的。

有诚意，创造更大的购买力

爱砍价是很多消费者的习惯，所以做生意时也要有一套对策来应对。若你不是很在意成交与否，可以坚守价格，免得以后被人"软土深掘"。但你也可以采取赠送礼物的方式，让消费者虽然没有砍价成功，却依然有"赚到"的感受，这也可以达到双赢的局面。

让消费者感觉有实惠

我把一些孩子没用过且用不到的东西拿到网上去卖，已经把价钱标得很低了，但是发现有许多买家喜欢砍价。于是我改变策略，随货会附送小礼物，因为我知道买卖是要双方合意才能成立。让顾客占一点便宜，有可能为自己带来更多交易。

让老客户为你带来口碑

新客户的销售成本，远大于你的老客户。老客户的口碑带来的续购与推荐，可以让你拥有优质的潜在客户来源，且容易迅速成交。千万记住，老客户才是你长远业绩的来源。如果你的主要业绩来源一直都需要靠大量的新客户，那你的结果不是会"饿死"，就是会"累死"。

服务不偷懒，订单接不完

陈总您好，谢谢您多年来的关照，总是让我每年都接到很多订单！

销售对熟手来说，并不是真正的难事，难在如何有效完成漂亮的业务循环。真正的销售工作要包括销售、履约、服务与口碑，这四项都要兼顾，签约只是双方合作的开始。对新手来说，客户签约是100分成功；但对老手来说，这顶多只有70分。签约后，要盯紧交货，确保产品符合订单或合约上的规格。履约过程中，也要能有效整合资源，协助客户解决相关问题。合约上的每项义务都需要逐条确认完成，确保交货验收无误。除了产品品质要够好外，服务也不要偷懒。你只有提供满意的服务，才能有后续订单的机会。

采取高价策略，预留底价空间

预留底价空间

谈判有一项重要的原则，就是一开始要用自己的优势和价格去镇住对方。绝对不要先提出任何接近你底线的条件，给自己留一些谈判空间。这种方式为何这么有效？当你一开始就提出能镇住对方的条件，会迫使对方重新思考该项商品目前的价值。对方的期待一定会受到你一开始所提条件的影响，而且狮子大开口的条件，会使得对方的期待转而对你有利。

唯一的指导原则是，你一开始提出的最强硬的条件，必须有某种逻辑性可循。在这方面（身为买方时）最常使用的技巧，就是表示自己基于种种理由，实在无法提出更高的价格，例如：没有得到授权、没有足够的预算等。

通常，能不能谈成好生意，取决于你能不能让卖方相信，你的采购预算非常紧张，无论如何都没办法再多付一些。如果他们想做这笔生意，一定会配合你。一开始要开出条件，是具有较大风险的事情，明智的做法就是，要留给自己足够的空间，以免在后续阶段调整条件。即使对方不接受你一开始提出的条件，也不会比你一开始就开出接近成交价的条件还糟。这种开条件的方式，可以说是"只赢不输"。

绝对不可以写"可议价"

写上"可议价"，会从很多方面使你在议价时处于弱势。你是在暗示不论买方的状况如何，自己都愿意接受更低的价格；你也是在告诉别人，你对于所开出的价格是否合理没什么信心；这也代表你的销售能力不够专业，也就是假设自己有成交压力，而对方没有。

谨记，不是只有卖方会有成交压力，买方也同样会面临压力——自己花时间寻找划算的交易，这些所花的时间是否收到了成果。对方无法了解你承受了什么样的压力，但他所感受到的压力和你一样大。

采取高价策略，提高产品价值

价格定得太低，反而会让顾客怀疑你的产品品质。

产品的价格代表的是产品的档次与消费群体。

精品采取高定价的原因：创造好的质感

降价，会伤害品牌形象，让人产生廉价的感觉。

精明的厂商宁愿送赠品，也不愿降价。

该端着就端着,随时准备掉头就走

举例给对方,让他知道你的优点

保全对方的面子,这是为了让对方更容易接受你的条款,而不是屈服于你。比如说,要一直展示给对方看,按照我方的条件,这项交易是最有利的。永远不要去论证为什么对方的条件是错误的、是较差的选择,要让对方自己相信你的策略最符合他们的利益,要让他们自己来决定。如果你的论证令人信服,他们会做出令你满意的选择。

一些谈判永无止境地进行着,看不到终点。即使你走到最后,也到了自己的底线,再无空间可退了。这意味着每一次让步都消耗了更多的金钱和时间。回报日益缩小,交易的吸引力逐渐暗淡。你甚至多次考虑退出谈判。这时就要做最后决定了,从很多方面来看,最后决定都是"泼出去的水收不回来"。做最后决定前,最好确认对方会接受。如果对方不能接受而你决定重新开始谈判,你将失去所有优势,最终达成的协议肯定不会令你满意。

别卡在不顺利的交易情境里

这是谈判高手的最佳武器。很多时候无论谈判进展如何顺利,总会有些交易不适合你。一些是出于金钱原因,另一些可能是私人问题。没关系,放开这些交易,想着那些成功的交易,准

谈判收尾的步骤

当断则断

好的,那就给陈总一些时间,仔细思考下我们为您准备的资料数据。

做最后决定

但是这个数据真的可靠吗?

这是我们请各方专家为贵公司统计出来的最理想、最节省成本的方式,您可以再去比较一下!

别怕对手翻脸,先达成目的再说

不用比较了!我相信你一次!年轻人,你差点要走了,就不怕我生气吗?

因为我已经很确定,这个提案是最适合您的了。

备进行下一场谈判吧。

如果谈判未能满足你想要的条件，那就站起来准备离开，并直接说："感谢你们，但我对此交易的条款不感兴趣。它不符合我和我的团队的利益。"脸上带着热诚真挚的微笑，站起身来，与对方握手，祝他们好运。

把这个策略叫作"微笑着离开"是有原因的。不仅因为你要离开，更因为离开的方式不能关上与对方将来达成协议的大门。在任何关系中，最强势的人总是表现得最淡泊。

对内的谈判由于必须顾及双方关系，难度反而比对外谈判要高。对外谈判时只要达成目的，即使对方翻脸（比如对方直言"下次不会再和你们合作了"）也不用当真，达成谈判目的之后，可以再想办法修补双方的关系。

巧用声东击西战术，获取自己想要的利益

声东击西战术

所谓声东击西就是，明明我要西，却假装我要东，把东就扣在手上，到一个时机点放出去，说一句："好吧，把东给你，那你把西给我。"这种冷不防的声东击西法，往往能奏效。

谈判是个过程，每个人心里各有盘算。手中有筹码在，通过

声东击西，不论价格、付款方式或规格，在适当时机推出来，看对方在乎什么，这也算是一种搜集对手信息方式。薪资谈判时，就是我们使用声东击西法的好时机。要求加薪2000元，老板说："不行！"先假装让步："好啦！让200元，加薪1800元就好，那你让什么给我？"对方很容易掉入被设计的话术圈套中。声东击西，就是把想要的结果变成谈判的起始点。

声东击西战术也可以这样运用：当你舍弃不要的"东"时，对方一定也不要，但你接下来要把对方的不要说成是你的重大让步，然后要求对方也相对应地让一步，得到你需要的东西。例如：在买二手车成交前，要求对方换四个全新的高级轮胎，在对方拒绝你后（你也是这么预期的），你就夸大自己的让步，要求对方价钱再少一些。这时对方会想起，刚刚拒绝了你的要求（没答应换上四个全新的轮胎），出于一种补偿心态，对方可能会自动答应你的另一个请求。

小题大做谈判术

"小题大做"与"声东击西"是类似的谈判战术，不同的是，小题大做不是由谈判者主动抛出来的，而是将某一项谈判中出现的问题，故意说得天大地大，还要不时强调，自己已经做了重大的让步，让对方可以思考一下：自己是不是也应该让一让。

另外，也可以试试"假装成交法"，这是在对方以为双方已经谈完条件后，你却说还要等另一人来看看才能成交。让对方自然产生莫名危机感，你们的谈判成交概率就会高出很多！还有一

声东击西术的应用

舍弃不要的，换来你想要的

将想要的结果，变成谈判的起点。

这台二手车的轮胎都破成这样了，你也不给我换换。那不然你把总价降到15万，轮胎我自己想办法。

好……好吧！

刚刚已经赚到不用给他换新轮胎的钱了，他要砍价就让他砍吧！

小题大做

利用对方的补偿心理。

哎哟，对这个产品，我不是很喜欢。不然，我再想一想。

我上次因为陪你做那个测试专案，让公司承担了一些费用，您好歹也给我一次机会，用一下我的产品。

假装成交

让对方产生莫名危机感，创造成功谈判的心理优势。

你先不用做决定，没关系，因为刚好一会儿有个客户过来，一直叫我等他来了再决定要不要签协议。

那这个产品不如就先给我吧！他就不用再跑一趟了。

第七章 | 善用"谈判压力"，让顾客顺利成交

种"重新开始"的战术,也就是谈完后,跟对方回复说要再考虑几天,下次直接从上次协议中有分歧的地方重新再谈,都是声东击西法的变通运用。

深藏不露,让对方先做出承诺

不先开价

让对方先给出承诺。谈判开始时不要做任何承诺,让对方先报出自己的条件或想法。很多时候你会发现,让对方先讲,他们会不自觉地露出自己的底牌。而且,在谈判开始,对方给出的价位和条款往往会比你预料的好很多。

要深藏不露。在打扑克牌时,如果对手知道了你手中握的牌,结果会怎样?没错,每局必输。谈判时也是一样的。不要告诉任何人你的战略计划,也不要沾沾自喜,好像手中握有王牌似的。

深藏不露,保持镇定

进一步说,无论你多么想达成协定,都要表现出无关紧要的样子。

我们还可以提供书面材料,让对方从你的角度考虑问题的一个方法是,给他们看一些书面资料,人们一般容易相信来自独立

如何让对方先做出承诺

表现得无关紧要

不要让对方发现你对这笔交易产生了过多热情。

你们公司应该很开心吧,可以跟我们这么大的供应商合作!

对于每个客户,我们都很关心,大家都是尽力在做事,能不能合作就看缘分了!

提供书面资料

独立第三方的资料,总是能取信对手。

经理,我搜集到一份××公司的报价单,你看,同样的商品,他们的价格每一样都比我们高出许多!

是吗?

哇!还真的差异很大!

向对方施压

将主动权留到自己手上。

我们再多聊聊其他事情吧!

不了,经理,谢谢您的好意,这个项目谈很久了,如果经理对我的产品没有意思,我想我们就不用再谈下去了。

第三方的文字资料。

如果在谈判中,对方不太愿意和你达成协议,那么你要告诉他们,与竞争对手相比,你提供的价格和收益与竞争对手相当,甚至优于他们。拿出对手的产品目录或价格表,向客户指出他们和自己有何不同。这些书面资料会产生强烈持久的视觉冲击。你还应该就一些非价格话题进行谈判,不过有时话题会回到钱的问题上来。没关系,竞争对手的书面资料会给你很大的帮助。

通过施压获得主动权

必要时我们还可以向对方施压。向对方施压可以获得主动权,让他从你的角度来看问题。如果对方的开价或还价让你觉得不能接受,明确告诉他:如果不让步,谈判就此结束。不要放过每项协议能够给自己带来的好处,也不要随意签下一个没有利润的协议。

展现自己的风度,向对手道贺

以篮球的运动规则来说,比赛时当然要靠实力得分,公平比赛,但是判断对方的战术、探索对方的防御底线、做出假动作、不让对方看出自己的意图等,都是球场上应该要做的事。这绝对不是耍诈,对方也不会说你卑鄙。探索对方底线,同时竭尽全力地攻击，就像篮球比赛时，前锋等队员会以非常高傲的表情注视对方，企图瓦解对方的斗志一般。

在一次美国总统大选中，除了奥巴马那动人的胜选演说之外，麦凯恩的败选演讲也绝对不容忽视，那可能是近年来同类演讲中最令美国选民佩服的代表作。麦凯恩告诉他的支持者："这次失败是我的错，而非你们的。"他还制止了喝倒彩，极度宽宏地呼吁大家要支持奥巴马，说："他是美国总统，我的总统。"最令人动容的是，麦凯恩到了这个时候仍然不忘慰问刚刚失去外祖母的奥巴马，为他的演讲加上了一个格外有人情味的注脚。

尊重游戏规则与展现风度

麦凯恩的败选演讲表现出了一位政治家的格局，这种具有个人风格的美德其实来自背后一个客观的约束，那就是大家都要尊重游戏规则。这篇演讲极为特殊，但它的基调却不罕见。

在谈判的世界里，有个客观的习惯存在，就是"尊重游戏规则"。既然大家都下场参与了谈判，就该明白"愿赌服输"的道理；只要双方在一开始没有对规则本身提出异议，且愿意跟着它一路持续下来，便要接受这场博弈的最终结果。

为什么出来的结果明明不合我意，却还不能表达不满，甚至反悔呢？原因绝不仅只有风度、尊严等人格因素，还包括了更深层也更真实的愿望。

谈判也自有一套游戏规则：参与各方皆有自己的目的和偏

好，但是大家都很明白自己必须和其他人共同交流，而且恐怕还得长期合作下去。于是要想出一些各方都能同意也都觉得还算公平的规矩，然后按规矩办事。从这个意义上讲，谈判乃至于任何被大家接受的方式，其实都是为了解决大家共存的问题，都是为了达到争取最大利益的目的。

自问自答，用你的嘴说出他的反对意见

  谈判中，应当事先预测对方可能会提出哪些反对意见。你若抢在对方前将这些意见说出来，便可不费吹灰之力将其遏制住。

  把方案带到客户那里去的时候，应当事先就料到对方会提出哪几种反对意见。如果坐到了谈判席上，在意想不到的情况下突遭对方的反驳后再支支吾吾地招架，则有失体面了。

  事先估计到对方会反驳，但只是对此准备一些应答的对策还不够，仍容易被对方打败。在争论中占据上风并不是谈判的根本目的，充其量不过是谈判形势的走向问题。

  那么，应当如何对待意料之中的反对意见呢？

  当估计对方会予以反驳时，有这样一种应对的办法：在他们还没有说出之前，你让同伴将预料中的反面意见说出来，然后将其否定。

首先与同伴进行磋商，列举几条意想中的反对意见，事先布置好："估计对方会以此为理由反对我们，你先主动地把这个问题提出来！"在谈判中，当同伴讲出了这个意见以后，你马上指出："不对，这种观点是错误的。"如此这般，将这些反对意见一个一个地化为乌有。同时，你方的几个人之间还可以故意发生争执。这样做不会在对方面前露出什么破绽，反而会在保全对方面子的情况下使其接受你方的提案。

反对意见多种多样，有的可以从理论方面回答，有的无法用语言去解释，只能凭自己的感觉去理解。对方提出的意见可以用道理来说明的部分很好处理，至于那些难以解释的问题，最好还是用内部争吵的方法来解决。比如数落自己的同伴："你总是提出这类问题，什么时候才能有点进步呢？"只有这种语言才能处理好这种反对意见。

坐在谈判席上，我们总是有意识地将与会者分为说服的一方和被说服的一方，这种想法要不得。对方有3个人，你方也有3个人，我们应当把这看作是与会的6个人正在共同探讨同一个问题，而不是3：3的对话。

所以，你方的与会人员有时最好也处在相互敌对的关系上。因为如果总是保持一致对外的姿态，对方就会产生一种随时有可能遭到你方驳斥的顾虑。把既成的事实强加于人，这是被说服一方最不喜欢接受的一种做法。

当你方内部互相争论的时候，很容易形成一种在场的所有人

谈判规则：愿赌服输

某位总统的就职演说

今天我站在这，谦卑地面对眼前的重责大任，感念各位托付于我的信任，遥想先贤先烈的牺牲奉献，我铭记于心……

其对手的败选讲话

这次失败是我的错，而非你们的。

一场动人的演说

展现格局

他是美国总统，是我的总统。

愿赌服输的风度

真诚的败选话表现出一位政治家的格局，这种个人风格的美德其实来自背后一个客观的约束，那就是大家都要尊重规则。

都在讨论的气氛，结论也仿佛是在对方的参与下得出来的。于是在大家的思想中能够形成一种全体参与、共同协商的意识。

但是，若只有你一个人在场的时候又该怎么办呢？

无论事先做过多么周密的准备，一旦到了谈判桌上，仍然会察觉到要有某种反对意见出现。这时，你可以把它处理为临来之前曾经听到公司里有人提出过这种意见。这样，当你发觉这种反对意见即将提出的时候，就抢先说道："我们在公司里谈论这个方案的时候，有个家伙竟然这样说……"这么一来，不管有没有持这种意见的人，都会产生敲山镇虎的效果。说完以后，你还要征求对方有什么意见。听你这么一说，只要不是相当自信的人，就很难说出"我也是这么想的"这句话。即使摩拳擦掌准备提出这种反对意见的人，也不愿落得与"这个家伙"相同的下场，所以只得应付说："是啊，这么说可就太奇怪了。"

用这个办法，将对方的反面意见压制住，哪怕只有一次，在以后的谈判过程中对方就不会轻易反驳了。你方大致预料到反对意见的内容时，抢先说："谈到这里，肯定会有未深思熟虑的人提出这么一种反对意见……"于是对方唯恐提出不恰当的反对意见，以后被人耻笑为"不考虑成熟就提出反对意见"。

还有一个办法：抢先说出对方从他们自己的立场出发所产生的不安和所要承担的风险。比如说："如果我是经理的话，这种事情太可怕了，恐怕不敢瞎说。"或者说："也有出现这种情况的可能，所以我如果站在经理的立场上，也许会想办法回避。"把自己所预料的出现风险的可能性间接地表达出来。在达成协议或者谈判破裂的岔口上，语气再稍微强硬一些也未尝不可："如果站在经理的立场上，我会认为，造成谈判破裂要比被迫接受对方的条件可怕得多。"

无论怎么说，就是不能让对方把反对意见先说出口，这与你方的意见令对方感到满意是一样的道理。对方的反对意见从你方嘴里说出来，这样就给人留下了对方的反驳观点已经被你研究透了的印象，就可以不费吹灰之力地将其压制住。

欲擒故纵，适时告退

客户对你的产品感兴趣但因为价格或其他原因举棋不定时，可以故意适时告退，给对方带来一定的失落感。

销售员："陈经理，如果您对我们产品还有顾虑，您可以先进几台机器，试试销量，再决定以后的进货量。"

经销商："我是想进一些你们的产品，但是你们的价格与其他品牌的同类产品相比高了不少。要知道你们的产品目前只是小众品牌，价位还这么高，肯定没有市场。"

销售员："我们的产品是不是小众品牌，不是咱们俩说了算的。至于价格，我已经为你们争取到了最多的优惠，这次交易能不能达成，决定权不在我，如果不成的话，我想我们还会有其他机会合作，不打扰了。"

第二天，经销商给销售员打来了电话。

经销商："肖经理，你先给我们送五台机器过来吧，价格就照你昨天说的那个价。"

"欲擒故纵"一字以蔽之，就是"走"。当然，这个"走"不是真的为走而走。对于销售员来说，有时候走是被迫的，因为你的价格已经到了底线，如果你再磨下去，往往只会降低自己的身价，让人家有机可乘——或者要求降价，或者这笔生意以失败告终。如果你适时告退反而能给对方带来一定的失落感。举个简单的例子，如果别人将100元钱送到你的手上，告诉你这钱是你的，就在你虽犹豫但还是想将其放进钱包的时候，他突然将这100元钱从你手中抽回来，你心里肯定会或多或少有一些失落感。

在我方价格没有退路的情况下，谈判开始时推销员要让客户知道自己的产品非常优惠。如果客户还是想从你手中拿货，但又希望能得到更多的优惠，你可以在讲明条件后很真诚地告诉他："我给你的价格不是我自己决定的，这是公司的政策，这一点我没有办法帮你更多，但是我可以保证我们的产品质量和售后服务。"说完这些你可以把电话挂掉，将失落感留给客户。结果，用不了多久你就有可能得到该客户的订单。

在价格还可以商量的情况下，有时候你一样可以用"走"的技巧促进高价位成交。前提是对方对你的产品或者你的服务特别感兴趣，但是因为价格或其他原因正举棋不定，这种"走"将在很大程度上表现出你的自信。

多用"所以"，使他与你站到一起

为了使讲话的内容充分展开，首先要给对方留下这样的印象，即对方和自己谈论的是同一个内容。双方在发言中多少有点矛盾时，也应这样对对方说："我和经理之间只是表达方式和所处的角度不同，其实说的都是一回事。"把话题引导到双方共同的目标上来，共同努力以寻找到达这一目的的最短路线。

相反，彼此耿耿于怀，各自从不同的方向发表议论，双方在心情上都会有一种蒙受了损失的感觉，于是相互抱怨自己损失的那一部分让对方赚去了。我们并不希望这样，因此，必须给对方留下双方是为了共同利益而坐在一起的印象，本着"我赚，你也赚"的共同认识进行商谈。

故此，对话中应该尽量避免使用转折连词。此类词语使用过多，无论怎么解释也会形成一种相互对立的氛围。即使对方反驳自己，也不能用"但是"来接话。不管人家说些什么，一定要用"所以""正因为如此"等顺接连词来回复。

洽谈沟通中的口语表达不用那么规范、那么完善，有些表达写进文章里显得语句不通，但在口头对话中往往没有什么异样的感觉。比如有两个女高中生在谈话，你站在第三者的立场上听起来有些驴唇不对马嘴，可她们在那么一种特定的气氛里就能一直聊下去。两者之间的谈话不必100％吻合，其中有30％对不上，关系也能够融洽起来。所以，在理论上应当使用转折连词的地方，即使你用了顺接连词，谈话仍然可以继续，内容也没有意外地发生变化。比如对方在指出缺点时问道："这种场合，你们应当如何处理？"这时可以回答："没什么，正在考虑对策。"也可以回答："所以呀，正在考虑对策。"两者的意思都讲得通，但以后者为好，因为它给人留下的印象是我们双方都在朝着同一个目标努力。

经历各种考验并能够从跌倒的地方很快地站起来的人，往往善于使用顺接连词。不想心甘情愿地接受对方的意见时也用"所以"开头，把自己的意见坚持讲下去的人，应该说是强者。如果在讲话过程中，无论受到怎样的攻击也不改变自己的论点，用转折连词来迎接对方的挑战，那么谈判就会在不知不觉之中误入了歧途。

要知道，谈判的最高境界就是让谈判双方走向双赢，谈判就像分"蛋糕"，自己分得一定利益，同时要让对方知道他也能分得"一块"，这样"蛋糕"才能越做越大，在谈判方向上你才能一直占据主导地位。

第八章

不会聊天,别说你懂销售
——销售必须规避的说话和行为禁忌

不懂借助第三方威名

聪明的销售员应该学会借用别人的势、别人的力、别人的威名,来达成自己的目的,成就自己的业绩。有时我们真的会被对方的言辞、头衔或搬出来的有力靠山震住,以至于忘记探索事情背后的真相;道理其实不辩自明,只是我们被对方的气势或不在场的第三方给震慑了。

常见的借力使力做法

部属对主管说:"总经理在主管会议上曾提出过与此类似的说法。"

男生对女生说:"如果岳父大人在的话,一定愿意把你交给我保护!"

下属对主管说:"经理,××的数据分析从没出过错,这消息来自他们,应该正确。"

《三国演义》中的诸葛亮经由鲁肃,对周瑜传话说:"我会登坛作法,引来东风助孙刘联军共同抗曹。"事实是:孙权的阵营里没有会观天象的人,孔明刚好有此优势,以借东风为名,进一步稳固自己在两军中的地位。

可以虚张声势,但不能说假话

在推销自己时,如自认自己分量不够,可借助第三方威名,向对方施压,善于借力使力,可以帮助你成功,但不能说假话。

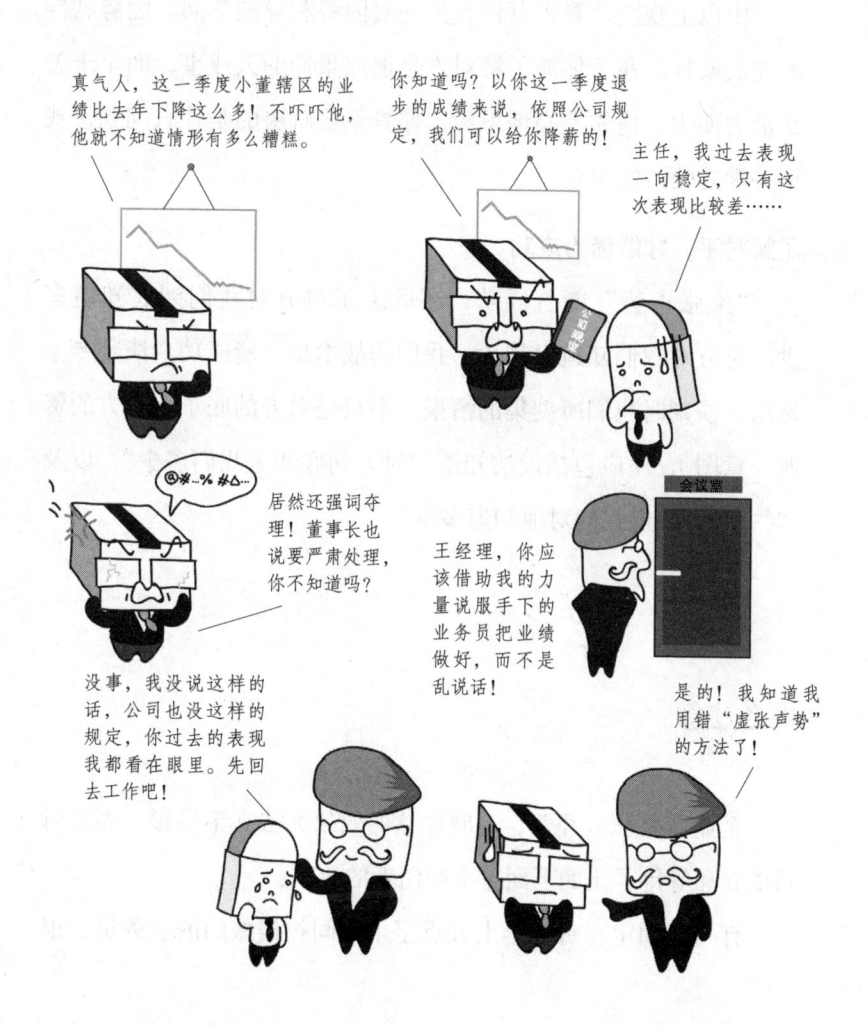

第八章 | 不会聊天,别说你懂销售——销售必须规避的说话和行为禁忌

借出权威人物,常会影响对方的思考方向。广告宣传常请名人代言,请他们介绍商品,以吸引消费者或粉丝。有时,这些名人不必开口,只要将他们和商品摆在一起,就足以产生强大的吸引力。

由以上观之,看来营销真是一套因势利导的学问。因势利导的先决条件,在于你能了解对方恐惧或景仰的人或事,而至于怎么借力使力,请先专心地思考,你真正要解决的是什么问题,找到关键之处再使用它。

了解对手,才能借力成功

"虚张声势"能否成功,还取决于对方对我们到底知道多少。对方对我们知道得越少,我们的战术越可能成功。谈判专家指出,谈判时我们所搜集的情报,不只是对方的底子(对方的资源、意图),还应包括设法知道"对方到底知道我们多少",以及"对方是否知道我们对他知道多少"。

操之过急

企业需要积极经营,有时经营的效果无法立竿见影,需要时间培养和等待。比如下面这个敲门者的故事:

有一个固定在每天早上九点至十点间扫楼敲门的业务员,很多人家慢慢地打开家门和心门与他聊家常，并开始购买他的商品；十天后，一户以前从未开门的人家将门打开了，一位驼着背的老太太慢慢出现，业务员问："阿姨！真是太好了，我一直以为你们不住这里了！"

无形的积极，也能感动别人

老太太微笑着请业务员进屋，慢慢推着老先生的轮椅来到客厅。"年轻人，这是我先生，我们已经快半个月没出门了；我的腿越来越不灵活，每当邻居来敲门慰问，我好不容易走到玄关，门一开却不见人影，我还以为是哪家邻居或孩子来恶作剧。这十天来，你每天早上固定时间来敲我家的门。从第四天开始，先生和我都很期待你来敲门，这表示有人在关心我们，而我们每天起床后都能听到你的敲门声，所以我昨晚就睡在沙发上，等着今天能对你说声谢谢！"

业务员感动地抱着老太太哭了，他不知道这件事，他只是积极地敲门、打招呼，等待开门拜访，竟在不知不觉中让这对老夫妇有一种被关怀的感觉。后来，他除了邀请当地邻居协助照顾老夫妇外，也主动抽时间陪他们就诊及购物，也由老夫妇的转介绍，成交了更多业务。所以，积极可以带来更多回馈，扎实有诚意地一步步进行，你将看到出乎意料的成果。

如何积极？

每当经过业务单位的会议室时，常听到营销主管慷慨激昂地

谈判需要慢慢来，不可操之过急

以蚕食桑叶为战术

蚕食战术的意义：如同蚕吃桑叶一般，在对手不知不觉中，一点一滴地取得利益。

蚕食战术的运用空间：当谈判双方不打算立刻达成协议，可以一项一项慢慢谈的时候，就给蚕食战术留下了运作空间。

蚕食战术的用法：
a. 绝不白白让步。在谈判中坚持双方要互换条件，我方让一步，就要求对方也让一步。
b. 斤斤计较。对所做的让步要斤斤计较，即使是很小的让步也大肆渲染，而且，每次让步的幅度都比原本答应的小。

我已经准备好时间了，可以跟你慢慢谈。

奇怪，怎么谈得越久，答应的事情也就越多呢？

鼓励大家："现在才周一，为什么你好像得了 Blue Monday？动起来吧！各位！"

我们都知道"积极"是成功的条件之一，但你是采用什么样的积极方式呢？记住，身为业务员，要给客户的是一种"积极付出"的心意，这才会自然地得到对方的依赖和认同。

不懂装懂，多嘴多舌

这世上不可能所有的学问我们都懂，曾经流行过一句话，"没有知识，至少要有常识；没有常识，也要常看电视"。电视或网络并非最佳信息来源，但在接收信息的同时，仔细过滤、筛选也可以为自己所用。同时，某些电视综艺节目也让我们将一些不够得体的行为不自觉地带到生活中，例如插嘴这件事。

不插嘴，就是基本的尊重

在东西方的正式礼仪中，插嘴都是非常不礼貌的事，这代表你缺乏教养，没耐心应对别人，也急于表现自己。即使对方言语空泛无趣，你也应该耐着性子听完，优雅地简略回复后，再开启新话题，或转向你有兴趣的人聊天。尤其在东方，我们更是从小被教育，"小孩只长耳朵，不张嘴"，你愿意倾听对方，就是先赢得对方尊敬的第一步。尤其在听长辈讲话时你只能听，尽量不说话，偶尔可以试着表达自己的意见。但时代变了，打开综艺节目，你会发现插嘴抢话的现象特别多：我们可以理解明星艺人上节目无非为了宣传曝光及吸引粉丝，他们就是要"秀"、要抢镜头；而主持人为了掌控节目节奏及"趣味"，对反应稍慢或没有进入状态的艺人，又必须随时注意抢回主导权。这样插嘴瞬间成了此类节目的主流。

"装懂"往往容易弄巧成拙

而装懂又是一个不好的行为，可简单分两种：一种是答非所问，另一种是已跟不上潮流还硬要假装。比如有人问："你昨晚看星光大道了吗？""看啦！我最喜欢杨宗纬了……"事实上他是好多年前星光一班的选手。

"你觉得迈克尔·波特的竞争策略能够帮助你的工作吗？""喔！我觉得《哈利·波特与混血王子》的剧情，比较符合我的工作情况。"

生活中最常见到的是在一群人的高谈阔论中，有人一直用"喔！嗯！嘿！是！好！唷！啊！呵"等词语应答，当你问他："你的高见是……"很快你就明白，这个人一定是不专心或不懂装懂，又或者是他真的无法表达想法。你问他何必装懂，对方还会理直气壮地回答："不回应不礼貌啊！"在沟通中，那些听不懂还装懂的人，实在不是很高明。

谈判要对事不对人

很多沟通都需要用到谈判技巧；谈判唯一的目的就是拉近双方的共识，达成最佳协议，实现双方共赢，同时在双方可接受范围内将损失降到最低。

生活中最常出现的谈判，有讨价还价、情侣协调等。其中人际相处的谈判，最容易由"事"而起，由"人"结束。

琼慧打电话给男朋友冠洲："你忘了我们的约会吗？"

冠洲困惑不解，只好回答："是和你吃饭吗？我跟你提过这几天特别忙，有可能去不了。"

琼慧听完这样的答复，愤怒地说："哼！你同学还是你同事，还是你那些朋友，说了我什么，你才不理我了，是吗？"

冠洲："我只是忙，而且我事先告诉你了，这次可能来不及过来找你吃饭啊！"

琼慧委屈地说："我就知道，你们都是一样的，以为念了几本书，或从国外回来的就了不起！"

无奈的冠洲："我跟你说了，这几天我要交项目策划书……"

琼慧情绪越来越激动："你行！你快去赚那几个臭钱吧！"

听到对方讲出这样的话，冠洲也不甘示弱："对！你约的也不是什么高档地方啊，我帮你省了几碗卤肉饭的钱，你还要感激我呢！"

谈判要心平气和，将对话聆听完整

要达成一个完美的谈判，不可忽视的要点就是要先学会当个专心的倾听者。能将对方说出的每句话完整地听完、听懂，才能正确判断对手心思，掌握整个谈判的局势。有时，当你发现沟通出现误解时，你也可以体贴地说，是自己未将意思表达清楚，才造成双方误会。这样的举动，会为对方留足面子，也让他有台阶可下。如此，既可解除对方的防卫心，又给他留下体贴谦虚的印象，使之重新回归到事情焦点上。

倾听者的检验标准

☆想象自己是在对方的处境里，以了解他所讲的话与感受。
☆把你不了解的地方记下来，以便再问清楚。
☆借由肢体语言来传达你理解和接纳的态度，比如看着对方的眼睛，还可以借助姿态和手势、脸部表情、声音语调等。
☆不要打断，仅提供建议，或是紧跟着提出自己类似的经验。
☆回应的方式要能表现出你对他的重视。
☆尽可能客观地复述一次他说的话和感觉。

琼慧更加愤怒："你说什么？！你还没找到工作的时候，是谁拿零用钱补贴你的？"

冠洲："我又没想要，是你硬塞到我皮包里的，还偷偷塞进来，那点钱我还瞧不起呢！"

琼慧："你这薄情寡义的人！"

一路看下来，原来只是由非常单纯的约会和工作忙碌引发的小争吵，却进入批斗对方、矮化对方的阶段，完全模糊了原来要解决的问题。回到业务上，有时因客户不喜欢这个产品或不耐烦于情势常被业务员掌握，或业务员对客户公司不够尊重，在谈判过程中，不自觉地带入个人感受，进而影响整体谈判。

分清楚意见与事实

沿用上一节的例子，我们来分析一下哪些是事实，哪些是意见。

事实：男生没有回复女生的信息，男生已先告知女生不赴约的可能性，男生没有工资收入期间收了女生的生活补贴。

意见：女生不喜欢男生的朋友们，女生认为男生的朋友讨厌她，男生认为女生选的约会地点都很糟，女生批评男生，男生认为女生想从男生身上获利于是也批评女生。

在争执的过程中如能仔细分析，将发现真正花在处理事实上的时间并不多，却将过多时间用在回应对方的意见上了，而且也很容易因某方先动气或批判对方而转移焦点。开会也是如此，流程之所以冗长枯燥，是因为只要开始表达意见，有些与会者为了捍卫自己立场就会陷入无谓的争论，最后却因必须做出结论而草草表决。

营销中我们也常听到如下对话：

客户：这产品不好。

业务员：那请您告诉我，是哪里不好呢？

客户：损耗太快。

业务员：您说得对，如果您特别爱用，会使用得特别快。

客户：但是我既然使用消耗品，就会希望它的损耗率不要那么高才划算啊！

业务员：所以您重点考虑的是，消耗品更换的频率、价格，还是……

客户：哦，其实我不喜欢这个牌子，你们难道没有进口国外的××品牌吗？

业务员：您希望我们的产品符合哪些需求或规格呢？

客户：××尺寸、××型号、附加几种……

业务员：好！这是您需要的品牌样品，我们可以在3天后为您供货,请在这里签名。

以上对话中,客户刚开始并没直接透露自己的意见和要求,在业务员的问话引导下,客户才透露他心中的需求。分辨出客户的需求为何,并进一步确认后,既然已经将客户个人意见消磨于无形,那就静等成交吧!

随时随地找出"事实"与"意见"

其实要把事实与意见区分清楚并不容易。我们每天阅读的文章中,作者常常将他们的意见伪装成为事实,好说服我们,让我们觉得他们所言具有很高的可信度。

学会分辨事实与意见

有一部分女性愿意在家生孩子,认为医院不是婴儿出生的最好场所!

有一部分女性愿意在家生孩子。　　事实

医院不是婴儿出生的最好场所!　　意见

当你在阅读时,要小心仔细地阅读,有时候你需要分析句子的深意,然后用自己的话重新写下它的意思。若你能成功地区分事实与意见，这样你才有办法根据所接收的信息做出明智的判断，不被别人操纵。

学会分辨事实与意见

越来越多的人喜欢骑自行车，骑自行车是很好的运动方式。

以退为进是陷阱

　　商场上、社会中，我们常会陷入一些含混笼统的话术而不自知。"100元清仓大甩卖""第二件4折""买一送一（买一盒送一片）"……怎么这么多清仓甩卖、买一送一的便宜货呢？仔细研究才发现，原来看似店家不惜成本的特价，可能是商品快到期、有瑕疵或是纯粹的文字游戏。

留意文字陷阱

商人不可能做亏本生意，顶多利润少一点，或是为了减少库存和资金压力；同样地，如果销售无形商品，法律条文及业务员的说法"差一点就差很多"了。例如个别电视购物频道告诉你就是"只有今天，买就送"，结果明天卖、后天卖、天天卖，问他为什么？就是"只有今天"，没错啊！

说话要适当有所保留

运用保留语气。论述意见时，请以"我认为、大概、也许、我个人觉得"等字眼，以表达"以上论述只是我的单方面意见，不代表官方立场"。

运用客观字眼。"原则上、基本上"，表示没有一定的定律，可能有例外条款。条约要看清楚，可以多花几分钟仔细看，如有疑义而对方说不清楚或有蒙混过关的嫌疑，宁可先带回家细读或暂缓签约。如果可以，先调查一下对方背景。对于赠品或回扣，要问清楚如果不要的话，价格是否可以再下降等。

以退为进的例子

预算限制

贵公司提出的活动企划案,已经超出我能决定的预算范围了,我必须向上级呈报。

决定权限

很抱歉!我的决定权限只有10万元,这套电脑影音设备要10.5万元,如果价格可以降到10万元以下,我们谈成的机会就很大。

付款条件的限制

我们公司规定,采购商品的票期不得低于60天,贵公司的票期要求为45天,我需要上报,这需要一段时间。

规格限制

这种规格会违反公司的标准,不过,只要在价格上多降一些,我会试着说服使用单位。

第九章 最后关头也可以"反败转胜"
——销售一定要懂的成交技巧

为对方贴上标签,给他积极的心理暗示

心理学家曾经做过一项研究,实验中他们发现,当老师告诉学生,"我觉得你是个会在乎自己功课好不好的孩子"时,接收到这个信息的学生,会比其他学生花更多时间复习功课;或者当一名主管告诉下属,"我觉得你是个值得托付的人"时,这些员工也会比其他员工更努力地完成工作。

从标签上找到美好特质

这些实验的意义在于,当我们为一个人贴上"标签",让他相信自己具有某些美好特质时,他就会努力让自己更符合这个标签形象。同样地,如果我们可以让谈判对手相信他们是有能力、果断、具有行动力且有极佳判断力的人,就能让他们觉得自己的确如此。在过去的一些行为实验中,行为学家发现在任何谈话里,面对同样的目的,客观强势的一方不会尽全力去争取更多。

这里的意思是说,假设Ａ公司有甲和乙两个谈判人员,公司给他们的要求和目标是一样的,例如:都是要对方降价一成(如果能更多当然更好),现在他们要分别和两个客户谈判。

在谈判过程中,甲遇到一个强而有力的对手,乙则遇到一

谈判往往会出现遇强则强、遇弱则弱的状况

面对老手

业务员小王跟谈判老手洽谈业务,在与老手过招过程中,彼此不相让,价格反而砍不下来。

小王啊!我也不能退让,我就是当业务员出身的,也做过相关的产品,我知道这款产品可以按照我的出价成交。

陈经理!您过去也是业务员出身,您一定知道我们的价格已经很实惠了。

面对新手

接着小王再跟一个新员工谈判,在跟新手过招的过程中,对方不会用很多技巧,小王心生同情,反而不忍心提高价格。结果对方反而拿到比较好的价钱。

王经理,对于成本,我其实对很多知识都不太懂,但我们公司现在财务管控上很严,你可以通融一下吗?

小赵啊……嗯……我知道,要不就照你说的价格来吧。

第九章 | 最后关头也可以"反败转胜"——销售一定要懂的成交技巧

个谈判新手，在我们的想象里，乙似乎比较有可能争取到较多降价，但是事实上，乙通常至多只会争取到一成甚至更少的降价幅度，而甲则在一成以上。

善用"遇强则强，遇弱则弱"心理

行为学家研究"遇强则强，遇弱则弱"的原因，他们得出的结论是：在社会教育以及心理作用的影响下，人类在潜意识中会习惯性同情弱者。当我们"打击"的对象能力明显比我们差时，我们就不会用尽全力，同时也没有成就感；但反过来，如果对手比我们强或旗鼓相当，反而会激起我们挑战、好胜的本性，情绪会变得激昂，也更容易设定较高的标准。

所以，在我们打算做出"聪明妥协"前，让对方相信自己是强势方、具备许多我们所没有的能力，可以让他们降低与我们力争到底的期望。换句话说，他们潜意识里会同情我们，并放松对部分条件的苛求度，有助我们用"较高的底线"达成协商条件。

因势利导，抢救临时变卦的残局

严凯泰的双赢发言策略

为了让裕隆汽车有全新的品牌定位，严凯泰当年选择非常前卫的广告公司来帮裕隆做广告。邀请数家大型广告公司来旁观的

遇到临时变卦时可以采用的方法

一是以静制动：静下心来，观察对手的举动，后发制人。

二是澄清视听：随时针对对手提出的似是而非的问题加以澄清，必要时可以制止其提问。

三是凸显矛盾点：当对手偏离议题主线或说法前后矛盾时，适时给予纠正。

四是照着剧本走：随时随地让对手依照计划谈判，勿将问题复杂化。

严凯泰的双赢发言策略

裕隆不要跟别人比，跟自己比就好！

董事长讲得对，不过那是以前的裕隆，我们现在坐在这里谈的是未来的裕隆。

当天,严凯泰还特别安排母亲,也就是董事长吴舜文来听简报。

该广告公司当时做了一个与同业公司对比的比较式广告,简报会开到一半时,吴舜文便出了声:"裕隆不要跟别人比,跟自己比就好。"顿时当场鸦雀无声,谁也不敢反驳董事长的意见。

但不到一分钟的时间,严凯泰却站起来说:"董事长讲得对,不过那是以前的裕隆,我们现在坐在这里谈的是未来的裕隆。"

当时还不到30岁的严凯泰,既不伤母亲面子,同时也表达了亟须改革的决心,也顺利地让更具创意的广告公司来为裕隆汽车打造新形象。

在谈判进行中,如果对手意外地临时变卦,谈判人员必须运用自己的专业知识,让损失降到最低,或是想办法扭转局面,让局面继续对我方有利,这些都需要冷静的头脑、从容的态度,以及相应场合的历练。

遇到临时变卦可以采用的方法

一、以静制动。对手会不择手段,以不同手法、多角度试探我方的意图与底线。谈判时,对方眼神闪烁,说变就变,我方应处变不惊,以静制动,伺机而为。

二、澄清视听。对对手提出任何似是而非的观点或不正确的问题,我方应在第一时间立即澄清,甚至加以制止,以免误导视听,让对方有机可乘。

三、凸显矛盾点。这类型对手通常是跳跃性思维,一会儿谈价格，一会儿又跳回规格，不会将想法集中在单一议题上，且容易前后矛盾。我方应把握机会，在保持应有风度的情况下，以子之矛攻子之盾，加以反驳。

四、照着剧本走。这类型对手思虑多，很容易把简单的事复杂化，寻求在我方思绪混乱中谋取利益。在谈判攻防中，我方不需处处加以回应，只要照着原先制定好的谈判策略执行即可。

不说 NO，而要说 YES, IF……

谈判时，如果你一开始时不满意对方开出的价码就立刻说 NO，那就谈不下去了。因为对方会觉得你已经完全拒绝，没有回旋和讨论的余地了。而同样是拒绝，如果能够用"附带条件的 YES"的话，就能够继续谈下去。

当然，如果你提出自己都觉得远高于对方能力水平的条件，那就跟说 NO 没两样了。但是如果有附加合理条件的回答，就算对方没有办法马上回答 YES，也会附加条件答复吧！这样一来一往，才能渐渐接近谈判成功的阶段。我们以电脑销售商和某设计公司之间的交涉为例来看一下。

设计公司："我们想更新设计部所有的电脑，想跟你以每台 3

万元的价格买50台，配置要求详见清单，总共150万元。"

销售商看完清单以后，说："不行。"

这样说就谈不下去了。但是如果对设计公司提供的价格附带条件回答的话，结果又会如何呢？

设计公司："我们想更新设计部所有的电脑，想跟你以每台3万元的价格买50台，配置要求详见清单，总共150万元。"

销售商："这样嘛……除了设计部的50台之外，如果贵公司还能再为财务部采购20台的话，设计部这部分我们可以算3万元每台，不过财务部的20台因为要增加会计软件，所以会比较贵，一台是3.5万元，也是70万元。"

设计公司："呃……财务部的电脑可不可以按照3.2万元每台计算，合计64万元？"

销售商："我算一下，设计部电脑50台，一台3万元；财务部电脑20台，一台3.2万元，共计214万元。行，成交。"

就像这样，一开始无法成功的交易，经过一来一往的讨价还价，继续追加条件谈下去，就终于能够在双方满意的条件下成交。正因为双方在对方提出难以接受的条件时，都没有直截了当地拒绝，而用"好的，不过如果……的话"来答复，最后才能取得彼此满意的结果。

小心弄巧成拙，适时妥协可以拉高底线

谈判时不可一味强硬

有些谈判对手生性多疑，心思多变，内心充满矛盾。谈判时翻来覆去，同时追求不同的目标、采取不同的行动，虽然辩才了得、能言善道，却很难专注在一个清晰的谈判目标上。

面对这样的谈判对手，不可激怒对方，这类型对手虽然圆滑老练，不过在被伤及自尊时，也容易恼羞成怒。适度为对方保留面子，千万不可将对手逼到墙角。

陈经理想在小林的公司购买一批集成电路面板，在谈判过程中陈经理不断砍价，小林觉得这跟公司的目标底价有差距而不愿意让步。陈经理说，同行业中有商家的价格比小林公司还要优惠，希望可以获得价格上的让步，小林强硬表示不愿同意，宁可失去订单也不妥协。最后陈经理生气了，转而向小许的公司购买，价格上没差多少，但是一次就签了5年的采购协议。

这样看来，小林强硬的态度最后弄巧成拙，让公司失去一笔长期的生意！

适时妥协可以拉高底线

保罗和理查都要运输一批零件，他们正和各自的委托人谈判每个单件的运输价格，公司的底线是10美元。

不要轻视对手,当心弄巧成拙

有时,我们免不了会碰到心思较难捉摸的对手,他们可能行动快速、反应灵敏,所以我们不可忽视他们老谋深算的性格,一旦放松了警惕,反而会弄巧成拙,落入聪明反被聪明误的窘境。

弄巧成拙的谈判

价格难道不能再低一点儿吗?

真的不能再降了,陈经理,您已经谈到这么低了,这样我们公司都没利润了。

谈判中途,杀出程咬金。

小许,感谢你愿意接受我报价的价格。这次能合作,真是我公司的荣幸。

哪里,哪里!能跟您合作,真是件愉快的事情。

怎么会这样?生意居然就这样被其他公司轻易地抢走了?

保罗一共做出了3次让步，每次都让了3美元，共让了9美元；理查则做出了4次让步，分别是4美元、2美元、1美元、50美分，共让了7美元50美分。

他们都对委托人说这是最后的让步了，结果理查的委托人干脆地签下合约，保罗的委托人却继续挑三拣四……

明明保罗就是妥协较多的那一个，为什么会被委托人当成没有合作诚意的人呢？

最主要的原因是他不懂让步和妥协的艺术。

从上面的例子可以看出来，理查利用让步越来越小的方式，让对方相信自己的妥协空间已经逐渐缩小，最后他甚至以美分为单位，对方不得不相信他已经到达极限；相反地，保罗每次让步的幅度都一样，对方完全感受不到他的压力，当然会认为肯定还有更进一步的砍价空间。

创造共同语言，拉近彼此的关系

客户在沟通的同时，愿意找和自己有共同语言的人打交道。试想一下，哪个人愿意和与自己不相干的人聊下去呢？

"结盟"壮大声势

增加人数常见的方法就是结盟。将对方立场与自己拉到同一边，就能增加数量，增加筹码。

但要注意一点，谈判人员为了策略考量，有时会采取结盟方式，与其他公司携手，或者与特定第三方展开谈判。此种结盟式谈判，因涉及不同的公司文化、立场与谈判风格，成员间会有默契配合上的问题，容易导致力量抵消，从而造成谈判失利。记住！结盟谈判的目的只有一个，就是要赢得订单。

拉近彼此的关系

在向个人客户营销时可以用"五同"拉近彼此的关系，即同乡、同学、同姓、同邻、同事。

在跟客户聊天的同时，可以根据客户的相貌、谈吐、语言或者方言进行提问，找出与客户的共同之处，拉近与客户的关系，让客户在第一时间信任你。同时也可以根据自己的优势，与客户找到更多的共同之处。例如：职业、年龄、爱好、性格、居住地等。发挥自己的沟通优势，与客户进行多方面的深入交流（如果要达到这个层次，需要大量的生活常识和比较多的阅历，建议大

结盟

结盟谈判的操作要细致入微,否则无法达到"1+1 > 2"的加分效果,以下法则可供参考:

一是慎选结盟伙伴。企业文化及经营理念越接近的公司,结盟成功的机会也就越多。

二是挑选领导者。优先考虑结盟双方都能接受的人。

三是既合作又分工。达成策略共识后,就要进行分工,让双方清楚每一个谈判阶段的工作进度。

四是签订合作同意书。避免口头承诺变卦,双方最好能事先签订书面协议,将双方的权利、义务说清楚,这对彼此都有保障。

单打独斗不如结盟合作

家多读些书,增加自己的文化底蕴)。

巧用心理战术,让对方感觉无路可退

谈判过程中,可以用以下几种方式让对方觉得无路可退。

一、站起来离开谈判桌,让对方以为谈判即将破裂。在谈判中,拥有最多筹码的一方就是拥有"离桌走人"权力的一方。因此,谈判者掌握较多优势的时候,可以运用离开谈判桌的方法来争取对方的让步,但是使用这个方法要注意一点,就是你真正不害怕谈判破裂。

二、嘴上说没法谈了,让对方心急之下做出让步。告诉对方你可能要走了,不想谈下去了,但你却没有真的起身要走。

三、运用"破釜沉舟"战术。握有某种决定性筹码的谈判者有时会铤而走险,运用"破釜沉舟"战术,用手中的筹码强势催促对方。

四、设定限制,让对方感受压力。限制条件可以使对方感到压力,所以有些谈判者经常为谈判设限,例如:设定答复时限、限制付款方式、选定交货方式等。

如何让对手无路可退

离开谈判桌

让对方心急之下做出让步

运用“破釜沉舟”战术

设定限制，让对方感受压力

制造出很多人都抢着要你们公司产品的感觉

五、制造出很多人都抢着要你们公司产品的感觉。 在成交前告诉对方，很多人都在抢购你的产品或服务。

当谈判进入中期后，要谈的问题变得更加明晰。这时谈判不能出现对抗性情绪，这点很重要。因为此时买方会迅速感觉到你是在争取双赢方案，还是只考虑自己，事事都要占上风。

如果双方的立场南辕北辙，你千万不要力争！力争只会促使买方证明自己的立场是正确的。如果买方出乎意料地对你产生敌意时，采用先进后退的方式，能给你留出思考的时间。

任何时候，如果买方在谈判中要求你做出让步，你也应主动提出相应的要求。要让买方知道，他们每次提出要求，你都会要求相应的回报，就能防止他们没完没了地提出更多要求。